菅政権　東大話法とやってる感政治

宇佐美典也

星海社

177

SEIKAISHA SHINSHO

はじめに　日本政治にはびこる「東大話法」

「そのような指摘は当たらない」「仮定の話にはお答えできない」「答える立場にない」

突然だが、あなたはこのような言葉を耳にしたことはあるだろうか。

おそらく、多くの人が一度は聞き覚えがあると思う。これは前官房長官・現首相である菅義偉氏が記者会見で度々口にする常套句である。他にも以下のようなバリエーションもある。

「法令に則って粛々と進めてまいります」

「個別の事案についてお答えすることは差し控えたいと思います」

このような説明責任を拒否するような政治家の話法を糸口に菅政権の政治システムを分析していこう、というのが本書の趣旨である。たかが答弁の話し方一つで何がわかるのか、とバカにする向きもあるかもしれないし、実際私も初めはそう思ったのだが、政治家にとって本来会見での言葉は国民とのコミュニケーションの核であり要である。それでありながらこれだけ言葉が軽視されているのには、何かもっと構造的で大きな問題があるはずである。

少なくとも官房長官時代には「鉄壁」と評された菅氏のレトリックに注目することで見えてくるのは、彼のパーソナリティや政権運営スタイルといった菅首相特有の問題を超えた、政治のリーダーと国民のコミュニケーションのあり方をめぐる三十余年の平成政治の苦闘そのものである。

冒頭に紹介したような菅首相の木で鼻をくくったような話法の後ろに見えるのは、政治家がビジョンを語り、政治改革を志し、それを国民が信じ、そしてその度に裏切られた末行き着いた、21世紀の日本政治の荒野そのものである。

実際こうした政治家のある種の説明責任の放棄とでも呼べる現象は、突然に現れたものではなくかなり前からその予兆が出ていた。具体的には少し前にいわゆるリベラル、というより政府に批判的な立場を取る人たちの界隈で流行った言葉に「東大話法」というものがあった。

この言葉は福島第一原子力発電所事故に対する、政府、企業、学会、メディアの要人の対応を批判する文脈で東京大学の安冨歩《やすとみあゆみ》教授が生み出した言葉で、曰く以下のような特徴を有する話法を指すとのことである。

❶自分の信念ではなく、自分の立場に合わせた思考を採用する。
❷自分の立場に都合のよいように相手の話を解釈する。
❸都合の悪いことは無視し、都合のよいことだけ返事をする。
❹都合のよいことがない場合には、関係のない話をしてお茶を濁す。
❺どんなにいい加減でつじつまの合わないことでも自信満々で話す。
❻自分の問題を隠すために、同種の問題を持つ人を、力いっぱい批判する。
❼その場で自分が立派な人だと思われることを言う。
❽自分を傍観者と見なし、発言者を分類してレッテル貼りし、実体化して属性を勝手に設定

し、解説する。

❾「誤解を恐れずに言えば」と言って、嘘をつく。

❿スケープゴートを侮蔑することで、読者・聞き手を恫喝し、迎合的な態度を取らせる。

⓫相手の知識が自分より低いと見たら、なりふり構わず、自信満々で難しそうな概念を持ち出す。

⓬自分の議論を「公平」だと無根拠に断言する。

⓭自分の立場に沿って、都合のよい話を集める。

⓮羊頭狗肉《ようとうくにく》。

⓯わけのわからない見せかけの自己批判によって、誠実さを演出する。

⓰わけのわからない理屈を使って相手をケムに巻き、自分の主張を正当化する。

⓱ああでもない、こうでもない、と自分がいろいろ知っていることを並べて、賢いところを見せる。

⓲ああでもない、こうでもない、と引っ張っておいて、自分の言いたいところに突然落とす。

⓳全体のバランスを常に考えて発言せよ。

⓴「もし○○であるとしたら、お詫びします」と言って、謝罪したフリで切り抜ける。

なお安冨氏によれば東大話法は、東大関係者のような論理操作の得意な人間に開発されたという程度のネーミングで、東大話法自体は東大関係者に限らず日本社会で広く使われているとのことである。少々強引なようだが、政治家の答弁原稿は東大出身者が多数を占める官僚が作成するわけで、政治家のレトリックを東大話法と呼ぶことには一部の理がなくもない。

先に挙げた20項目をみると正直なところその大半はもはや話法の説明の域を超えて単なる悪口にしか見えないのだが、ただこの言葉が一部コミュニティの中とはいえ流行ったのには、こうした定義にもそれなりに多くの人を納得させる説得力があったからといえるだろう。実際私もはじめの6項目（番号でいえば❶〜❻）などについては「確かに言う通りだな」と感じた。

それと同時に私自身の官僚としての職務経験から「なんで今更こんなことを新発見のように言ってるんだろう、そんなことは昔からわかっていたことなのに」という冷めた疑問もかつては覚えていた。

例えば、昭和6年（1931年）にこれまた東京大学教授の末弘厳太郎《すえひろいずたろう》（故人は敬称略、以下同）が書いた著名なエッセイ「役人学三則」では、役人に必要な心得として以下の三箇条が挙げられている。なおこの「役人学三則」は私が大学4年のとき、父親に「経済産業省に内定した」と報告したら「読んでおけ」と渡された文書である。

「およそ役人たらんとする者は、万事につきなるべく広くかつ浅き理解を得ることに努むべく、狭隘《きょうあい》なる特殊の事柄に特別の興味をいだきてこれに注意を集中するがごときことなきを要す。

およそ役人たらんとする者は法規を楯にとりて形式的理屈をいう技術を習得することを要す。

およそ役人たらんとする者は平素より縄張り根性の涵養《かんよう》に努むることを要す」

もちろんこれは皮肉なのだが、末弘はそれぞれについて注釈を加えており、

第一条について

「出世したいなら、その時々の人事の事情でいろいろな立場を取らなければいけないのだか

ら、特定のことを極めて専門家になることを目指すより、広く浅く知識を身につけてジェネラリストになり、ロングスパンで物事を考えるよりもその時々の立場で短期的な成果をあげることをめざせ」

第二条について

「いかに相手の言うことが正しいと思っても容易に頭を下げてはいけない。『社会があって初めて法律がある』というような真っ当な法令解釈をするのではなく、人の迷惑を考えずに法令を盾にとって形式的理屈を述べて相手をやり込めろ。とにかく『法律がこうなっているから』という一本槍でテキパキと仕事を進める『お役所法学』を身につけなければいけない」

第三条について

「省庁を跨いだ課題があれば、国民の利益、国家的利益よりも、自分の省庁の権限の拡大を優先する『縄張り根性』を持たなければいけない。他省庁と協議するときは万が一にも妥協譲歩する態度を示してはいけない」

というようなことを述べている。

私が見るところ、東大話法の肝というのは「自分の組織的立場を守るために、形式的な理屈で相手を言い込める技術」であり、役人学のエッセンスとほぼ同じように思える。

つまり、安冨歩氏が『原発危機と「東大話法」傍観者の論理・欺瞞の言語』で指摘していることの要諦《ようてい》は、すでに90年も前から広く言われていたわけで、こと役人やサラリーマンの話法としては殊更新しい話ではない。そりゃそうである。役人もサラリーマンも組織人な訳で、組織の一人という「立場」で話すときに「所属する組織の利益を最大化する」という文脈で話すのはある種当たり前のことである。

それを「組織人も組織の利益の前に一人の人間として、自らの信念に従って言うべきことを話すべきだ」と批判することは簡単だが、実際そんなことをしたら組織で干《さ》されて左遷《せん》されることは確実で、酷い場合はクビになるだけだ。何の利益もない。もちろん「クビになる覚悟で真実や正論を語る」のは倫理的に称賛されるべき行為だが、それを全員に強いるような極端で幼稚な議論はいい大人がすべきではないだろう。ここで注目すべきはこうした組織人の倫理そのものではなく、むしろ「なぜ今更こんな当たり前の、組織人として都合の悪い論点から相手を煙に巻いていなす話法（≒東大話法）が話題になったのか、どういうところに新しさがあったのか」という点ではないだろうか、と今になって「東大話法」という言葉を見直してみて強く感じている。

私は、こうした組織人の責任回避的、保身的な話法を、我が国未曾有《みぞう》の原発事故という危機に際して、学術的見地や哲学・思想から個人としての信念を貫くはずと思われていた学者や政治家が次々と展開したことに、多くの人が目新しさや批判すべき余地を感じたのだろうと考えている。実際安冨氏は一部の学者や政治家を、東大話法を用いる御用学者、無責任政治家として舌鋒鋭く批判している。

私たちは政治家について「どうせ利権にまみれていて自分の利害しか考えていないんだろう」と斜に構えて見がちだが、その一方で心のどこかで「危機に直面したとき組織の論理を捨て、無私の姿勢で我が身を捨てて国難に立ち向かうリーダー」という幻想、理想を捨て切れないでいる。余談だが近年で言えば『シン・ゴジラ』という映画は、私たちが現実の政治に失望しつつも、それでも捨てきれない政治に抱く幻想をうまく描いた映画だった。

そして過去を振り返ると、紛《まが》い物であったかもしれないが、そういう姿を見せて国民を熱狂させた一人の政治家がいた。それは小泉《こいずみ》純一郎《じゅんいちろう》氏である。日本が不良債権処理に苦しみ、自信を失い、自民党が国民からの信頼を失いかけていたときに、「自民党をぶっ壊す」「構造改革なくして景気回復なし」「痛みを恐れず、既得権益の壁にひるまず、過去の経験にとらわれず『恐れず、ひるまず、とらわれず』の姿勢を貫き、21世紀にふさわしい経済・社会システムを確立していく」といった歯切れの良い言葉と劇場型パフォーマンスで登場してきた小泉純一郎氏に国民は熱狂した。

この、官僚答弁とは一線を画した自分の言葉で雄々しく語りかけ、国民の期待に応えるという、カリスマ的リーダーシップを持った小泉純一郎氏の政治スタイルの幻影にその後の政治家たちは苦しんだ。自民・公明連立政権下では第一次安倍《あべ》晋三《しんぞう》内閣、福田《ふくだ》康夫《やすお》内閣、麻生《あそう》太郎《たろう》内閣、民主党政権下では鳩山由紀夫《はとやまゆきお》内閣、菅《かん》直人《なおと》内閣、野田《のだ》佳彦《よしひこ》内閣で、「大臣が記者会見で強い言葉を求められ、その期待に応えようとして、あるいは逆に激昂《げっこう》して我を忘れて失言し、それがスキャンダル化し失脚する」というパターンが相次ぎ、多くの大臣が辞任に追い込まれた。

しかしながら近年こうした、政治家の失言による失脚はかなり減少した。その大きな理由は、それこそ東大話法とでも呼ぶべき、批判を受け流すテクニックが政治家に普及したからだろう。やはり東大話法なるテクニックは現実に有用なのだろう。

ではこのテクニックを政界で開発、発展させた人物は誰かと考えると、一人はまさに安冨氏が論及した、福島原発事故時に官房長官として政府のスポークスマンを務めた現立憲民主党代表の枝野《えだの》幸男《ゆきお》氏である。当時の枝野氏の言説分析は安冨氏に任せるとして、彼の話法を継承、発展させて、政界に敷衍《ふえん》させた人物が誰かと考えると、多くの人が同じ人物の顔を思い浮かべるのではないかと思う。

そう、第二次安倍政権を長きにわたって官房長官として支え続け、あらゆるスキャンダルを受け流し続ける「鉄壁」として政権の要の役割を果たし、ついには総理大臣にまで上り詰めた菅義偉氏である。

このように与野党の第一党の双方のトップがこの東大話法なるものの使い手で、なおかつ東大出身者ではない（菅氏は法政大、枝野氏は東北大出身）というのはいささか興味深い。これが偶然か、必然か、少しばかり考えてみようではないか。

目次

はじめに　日本政治にはびこる「東大話法」　3

第1章　官邸主導の歴史　21

国民を熱狂させた小泉純一郎のリーダーシップ　22
経済財政諮問会議の誕生と官邸主導システム　28
第一次安倍内閣のお友達人事と官邸主導の落日　36
「やってる感政治」の誕生　アベノミクスと集団的自衛権　44
民主党政権のスポークスマン枝野幸男と東大話法　52
菅義偉の官僚操縦術とビジョンなき官邸主導　60

第2章 菅政権の誕生まで 69

安倍晋三と菅義偉の一蓮托生 75
菅義偉と安倍晋三の決裂　派閥政治をめぐって 80
菅・二階の連携による派閥打破 86
菅首相のビジョンなき実務主義　庶民感覚による「当たり前デバッガー」 92
菅首相の政策方針　安倍政権からの「やってる感」の継承と国民目線 100
望月衣塑子と菅首相　国民目線を自任するがゆえの反目 108
補論　与党のブレーキ役としての公明党・山口那津男 118

第3章 東大話法とやってる感政治の完成 125
学術会議問題に見る「東大話法」と「やってる感政治」の典型 131
新型コロナ対策に見る「やってる感」政治 146
「デジタル」「グリーン」の看板政策はどのように実行されるのか 157
看板の「グリーン」政策から見える地域政治家としての顔 164
強い実行力がよく表れた社会保障政策 175
菅外交はどう評価すべきか 183
菅政権は何を目指しているのか 188
第4章 東大話法とやってる感政治を乗り超えるには
玉木雄一郎×宇佐美典也 197

玉木雄一郎氏が考える、日本の3つの重要課題 202
菅首相の態度は、国民の信頼を減らしている 205
「少子化」には「異次元の対策」を 208
先進国ではなくなった日本の「国力」をどう復活させるか 215
「人を大切にする国に生まれ変わろう」 218
「痛みを伴う改革」なんてもういい 222
野党は何でも反対って言われるけど、与党こそ何でも賛成じゃないか 225
二大政党制は揺らいできている？ 230
いつのまにか「民から官へ」みたいな国 232
悩む姿を正直にさらすっていうのも国会議員の役割 233
提案型野党と憲法改正 236

おわりに 243
参考文献 251

第1章

官邸主導の歴史

国民を熱狂させた小泉純一郎のリーダーシップ

２００１年、ライオンヘアーで我々の前に「自民党をぶっ壊す」といって颯爽《さっそう》と現れた小泉純一郎は問答無用に格好良かった。「聖域なき構造改革」「改革なくして成長なし」「官から民へ」、マスメディアを通じて流れてくる小泉純一郎の言葉一つ一つに痺《しび》れ、皆が熱狂した。２００４年、X JAPANのForever Loveとともに、熱く国民に語りかける自民党のCMを見て「この国も変革するかもしれない。その姿をこの国の中核から見てみたい」と感じたことが、私が官僚を志望した動機の一つだったことは否めない。

この本を書くにあたって久しぶりに当時のCMを見直したが、小泉首相が「改革を口にすることは誰にもできる。しかし我々にはそれを夢に終わらせない実行力がある。さぁ新しい日本へ」と語りかける姿を見ると、小泉内閣がしたことの結果がどうだったかということはさておいて、やはり当時の高揚感が蘇ってしまう。

この本のテーマは「政治家の言葉の使い方の変化と、その背後にある政治構造の変化を探る」ということにある。「変化」を考えるとなると、ビフォー－アフターのビフォー、つまり「議論の出発点をどこに置くべきか」ということを考えなければならないわけだが、そこは言葉が国民を熱狂させるほどの力を持っていた小泉純一郎政権を21世紀〝型〟の日本政治の出発点に置いて問題ないだろう。

小泉内閣は2001年4月から2006年9月まで5年以上にわたって続くなかで、21世紀の日本政府の政治システムの基礎を形作った長期政権であったし、今の与野党のキーマンが政治家として頭角を現した時期でもあった。

例えば安倍前首相の初入閣は小泉政権の官房長官ポストであったし、今をときめく菅義偉首相も第三次小泉改造内閣で2005年11月に総務副大臣に任命され、竹中平蔵《たけなかへいぞう》総務大臣の下で総務省内の統制を担当したのが国政における本格的なキャリアの始まりであった。また、立憲民主党のトップである枝野氏が旧民主党の政調会長として頭角を現し始めたのも2002年12月と小泉政権下のことで、当然彼らの政治哲学の形成にあたって絶大なカリスマ的人気と強力なリーダーシップを誇った小泉純一郎首相の姿は大きな影響を与えたことだろう。何よりも冒頭に述べたように小泉政治は国民にとって、それまでの調整型の自民党政権の政治と一線を画した新しいものであったことは否定しようがない。

心の知能指数「EQ」の提唱者であるダニエル・ゴールマンによると、リーダーのタイ

プは六種類あるという。彼の著書『EQリーダーシップ 成功する人の「こころの知能指数」の活かし方』によると、

- 組織が目指す目標を明確にし「俺についてこい」とメンバーに進むべき方向性を指示する「ビジョン型」
- メンバーとの1対1の関係を重要視し、コーチ的役割を担うことで「やってみよう！」とメンバー個々の目標をサポートしていく「コーチ型」
- 人間関係を重視してメンバーの感情やメンバー間の関係性に配慮しつつ「和をもって貴しとなす」とチームの信頼関係を築くことで目標達成をしやすくしていく「関係重視型」
- 各メンバーの意見や提案を「あなたはどう考えますか？」と聞いて広く受け入れ、組織内の活動に反映させていく「民主型」
- 自らがお手本となって難しい課題をこなして「俺のやる通りにやってみればいい」とメンバーにどう動けばいいのか、成功イメージを与える「ペースセッター型」
- 権力を握り「俺の言う通りにやれ」と圧力や強い強制力によって目標達成を目指す「強制型」

という分類だ。

この分類はあくまで相対的なものであるが、あえて一つに当てはめて考えた場合、小泉純一郎氏はビジョン型に近い、目標の達成に向けて組織をリードする信念の政治家であったように思える（その信念が正しいものであったかどうかは今に至るまで賛否両論があるが）。

ここに小泉氏が1996年6月に出版した『官僚王国解体論』という本がある。この本は彼が首相の座につく前に書かれた、彼の政策ビジョンを総合的にまとめたものだが、この本で小泉氏は「日本の危機を救う法」として三つを挙げている。具体的には、

- 「首相公選制」の導入によって、総理大臣の選出権を一般の有権者にわたすこと
- 「首都移転」によって東京一極集中を是正すること
- いわゆる「郵政民営化」で郵便配達、郵便貯金、簡易保険の3事業を民営化して、行財政改革を進めること

である。結局この三つのうち小泉氏が首相として実現したのは三つ目の郵政民営化だけ

であったが、一つ目の首相公選制については、「自民党をぶっ壊す」「郵政解散」に代表される劇場型政治手法によって小泉旋風《せんぷう》を巻き起こすことや、経済財政諮問《しもん》会議を通じた官邸主導の仕組みを作ったことで半ば達成したともいえる。唯一、二つ目の首都移転だけはほぼ手付かずであったが、それでも地方の活性化を目指して権限移転や特区制度などを通じて地方分権は大きく進めた。当時の小泉氏の求心力・指導力を考えると物足りない気もするが、おそらく小泉氏としては本命の郵政民営化を達成した時点で燃え尽きたのであろう。もしかしたら単に首相の座に飽きただけなのかもしれないが。

いずれにしろ日本の政治史においてこれほど明確にやりたいことを示し、ビジョン型の政治を貫徹したのは小泉氏と、あとはせいぜい中曽根氏くらいであった。

彼は同書で他にもこのようなことを言っている。

「行財政改革は、財政投融資という大元に手をつけ、短期決戦で決着をつけなければ、既得権を守りたい勢力の妨害にあって必ず失敗してしまう。そうなれば日本は大借金国家への道を歩み、インフレか大増税のどちらかを選択するしかなくなる」

「最近は赤字国債の発行は特例でも1年限りでもない。毎年発行していくのだから、これは通例だろう。こうしたなかでもはや財界も労働組合も、与党も野党も『増税はできないから、赤字国債の発行はやむを得ない』と平気でいうようになってしまった。借金という麻薬によって感覚が麻痺してしまったのである」

「明治維新は討幕という内戦を、戦後の高度経済成長は第二次世界大戦という大戦争を経てきている。今回の行財政改革は武力を使ったり血を流したりする戦争ではないが、それに匹敵する改革のための戦いをしないと、21世紀という新しい時代を迎えることはできないであろう」

今読むと少々気恥ずかしいくらいの新自由主義、財政健全主義を志向する言葉が並んでいるが、その内容の是非は別として確固たる思想と強い決意を感じる言葉ではある。このような決意に支えられて「自民党をぶっ壊す」「改革なくして成長なし」「聖域なき構造改革」「官から民へ」といった力強いワンフレーズポリティクスは生まれていたことは間違いない。小泉政権は首相自らが「やりたいこと」をハッキリ言って、それを実現するための政権だった。

ただ2021年の現状を見るに、政府の予算規模は100兆円をはるかに超えてかつてないほど肥大化して財政は悪化し、新自由主義的政策は見直され社会保障はむしろ教育無償化なども含む形で全世代型に拡充しようとしている。郵政民営化も民主党政権で大きく修正され、3事業を一体化したユニバーサルサービスの維持が義務付けられたことを考えると、小泉氏が目指した目標のほとんどは軌道修正を余儀なくされ、最終的には達成されなかったといえよう。

経済財政諮問会議の誕生と官邸主導システム

小泉政権の掲げたビジョンは最終的には頓挫《とんざ》したが、他方で小泉政権が実現したものの中で現代まで受け継がれ、有効に機能しているものもある。それが、経済財政諮問会議を通じた官邸主導の意思決定システムだ。

経済財政諮問会議は2001年の中央省庁再編とともに内閣府の一機関として誕生した会議体で、そのメンバーは総理大臣、官房長官、財務大臣、総務大臣、経済産業大臣という政府中枢、専門の担当大臣である経済再生担当大臣、そして日本銀行総裁と民間議員複数名からなる。内閣府設置法にはその任務を以下のように定めている。

第十九条　経済財政諮問会議（略）は、次に掲げる事務をつかさどる。

一　内閣総理大臣の諮問に応じて経済全般の運営の基本方針、財政運営の基本、予算編成の基本方針その他の経済財政政策（略）に関する重要事項について調査審議すること。

二　内閣総理大臣又は関係各大臣の諮問に応じて国土形成計画法（昭和二十五年法律第二百五号）第六条第二項に規定する全国計画その他の経済財政政策に関連する重要事項について、経済全般の見地から政策の一貫性及び整合性を確保するため調査審議すること。

三　前二号に規定する重要事項に関し、それぞれ当該各号に規定する大臣に意見を述べること。

なお、この諮問会議を内閣官房に設けることを決めたのは小泉氏ではなく橋本龍《はしもとりゅうた》太郎《ろう》だった。橋本龍太郎は行政改革、いわゆる「行革」、に力を入れた首相だった。中央省庁再編を断行した橋本は行革にあたって「霞ヶ関の縦割り打破」と「官邸主導の政策決定」の二つの大きな狙いがあった。

前者にあたっては22あった省庁を1府12省庁にまで集約し、組織の統合を推し進めた。もう一つのテーマである官邸主導の政策決定システムについては、各省庁から一段上の調整組織として内閣府を設置することで対応を図った。内閣官房は内閣府の中枢として設計されたもので、一般にメディアが「官邸の意向」などと言うときの官邸はこの内閣官房を指すことが多い。この内閣官房での政策形成における首相直轄のアドバイザリー機関として設計されたのが経済財政諮問会議ということになる。

より端的に言えば経済財政諮問会議は、予算編成権を持ち霞ヶ関最強の官庁として戦後君臨し続けてきた大蔵省から政策決定と予算編成の主導権を奪い、新たに設置される内閣官房に権限を委譲するために設計された機関としての性格が強かった。当然諮問会議は発足前から財務省に改組される予定の大蔵省や、その大蔵省に影響力を行使してきた自民党の国会議員（いわゆる族議員）から大いに警戒されることになった。

諮問会議の初会合は2001年1月、小渕恵三《おぶちけいぞう》首相の脳梗塞による緊急入院で急遽後継として登板した森喜朗《もりよしろう》内閣で開催された。ただ森内閣は、与党幹部の談合によって誕生したという経緯もあって発足当初から国民的批判が集まっており、さらにはスキャンダルや内紛も抱えていて、諮問会議を官邸主導の政策決定を実現する場として運用するには政治基盤が弱すぎた。

図1　新・旧中央省庁体制

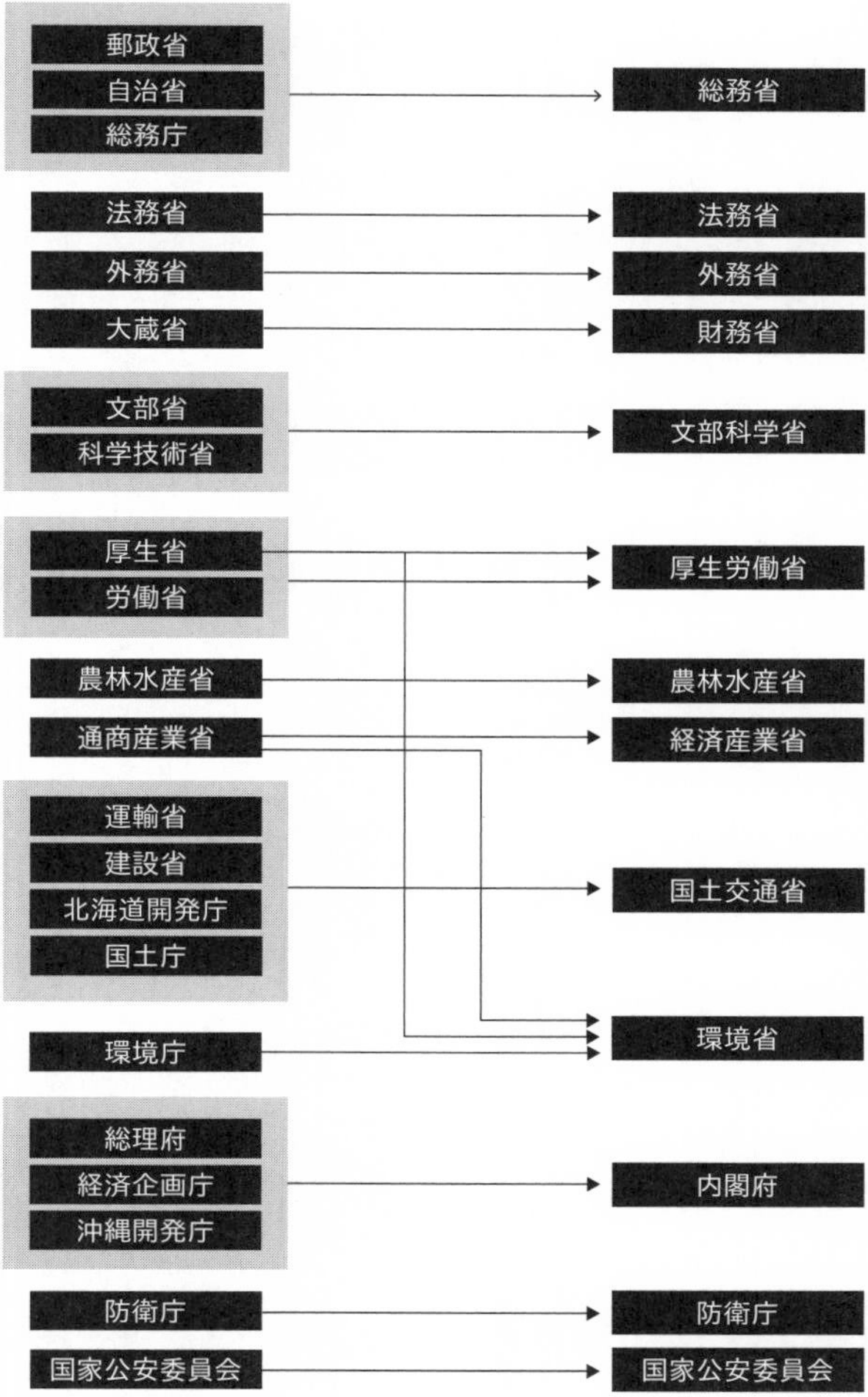
郵政省
自治省
総務庁
総務省
法務省
法務省
外務省
外務省
大蔵省
財務省
文部省
科学技術省
文部科学省
厚生省
労働省
厚生労働省
農林水産省
農林水産省
通商産業省
経済産業省
運輸省
建設省
北海道開発庁
国土庁
国土交通省
環境庁
環境省
総理府
経済企画庁
沖縄開発庁
内閣府
防衛庁
防衛庁
国家公安委員会
国家公安委員会

案の定諮問会議の場では、新規に発足した財務省と民間議員との間で予算編成権限を巡っての争いが早々に始まり、そうこうするうちに森首相は2001年4月には辞任に追い込まれてしまう。そして森氏の辞任に際しての自民党総裁選で「日本を変える。自民党を変える。変わらなければぶっ壊す」と叫び一大センセーションを巻き起こし、本命とされた橋本龍太郎に勝利して颯爽と登場したのが小泉純一郎氏というわけである。

首相となった小泉氏は、経済財政諮問会議を担当する経済財政政策担当相に民間人の竹中平蔵慶大教授（当時）を指名した。これは異例の人事だったが、このとき小泉氏は竹中氏を「これからすさまじい戦いが始まる。戦場に行く決意だ。一緒に戦ってほしい」と口説き落としたとされる。そして2001年4月26日に小泉氏は首相談話で「私は自ら経済財政諮問会議を主導するなど、省庁改革により強化された内閣機能を十分に活用し、内閣の長としての首相の責任を全うしていく決意だ」と、諮問会議を政策決定の司令塔として活用する意志を強く示した。

こうして従来は自民党の政務調査会と各省庁および大蔵省との事前折衝を中心に進められていた予算編成の流れは大きく変わり、

・毎年5-6月に経済財政諮問会議の場で「経済財政運営と改革の基本方針」、いわゆる「骨太の方針」が示され
・その方針に従って各省庁が概算予算要求の取りまとめ作業に入り
・その過程において随時自民党の政務調査会と調整し
・8月に各省庁が財務省に予算要求を提出し
・その後財務省が予算を審査する

というプロセスに変化した。端的に言えば族議員の力が排除され、自民党政務調査会との事前折衝を力の源泉としていた大蔵省（財務省）の力は大いに弱まった。「骨太の方針2001」には「毎年の予算編成に際しては、まず諮問会議で経済財政政策全般の横断的な検討を行い、重視すべき分野や政策変更の必要性など政策の基本的方向とともに、その時点での景気動向についての判断などを示す」と記されている。この予算編成の流れは民主党政権時には見直されたが、自民党政権に戻った後は復活し、今に至るまで維持されている。

ただ「日本最強の秀才集団」と呼ばれた財務省もさすがで、この変化にいち早く対応し、

財務省は積極的に諮問会議に協力することで実質的な影響力を残すことを図っていた。骨太の方針策定作業における不可欠なピースとなることで、間接的に各省庁に対する影響力を保とうとしたのである。実際初めての骨太の方針を取りまとめるにあたって実務の功労者となったのは財務省から内閣府政策統括官に出向していた坂篤郎《さかあつお》氏と言われている。このように当初対立すると目されていた経済財政諮問会議と財務省はお互い警戒しあいながらも協力関係を構築するようになる。なおこの関係の行く末を象徴するように、のちに坂篤郎氏は竹中平蔵氏と対立して失脚する。

話が逸れたが、このような構造変化の中で予算プロセスから排除され、梯子《はしご》を外されたのは自民党の族議員である。小泉氏は「骨太の方針策定にあたっては自民党と突っ込んだ調整などはするな」と指示したと言われており、確信犯といえよう。族議員による予算編成への関与を中心とした旧型の「自民党システム」は小泉氏によって文字通りぶっ壊されたのである。

当然自民党内部からは強い反発が出たが、最高87・1%を記録した驚異的な支持率を背景に小泉政権は2001年7月の参議院選挙で大勝し、族議員たちは徐々にものを言えなくなっていった。この時期に旧来型の外交族議員であった鈴木《すずき》宗男《むねお》氏が「疑惑の総合商社」

として猛バッシングを受け、失脚していった様子は今振り返れば「族議員の落日」を示す象徴的な事件であったように思う。余談だが亡き祖父がバッシングされる鈴木宗男氏を見て「政治家とはこういうものだ。彼は彼の論理で地元を発展させようとしている」と評していたことを思い出す。当時は理解できなかったものの今になってみれば祖父の言っていたこともわかるが、いずれにしろこうした象徴的事件を前に族議員は急速に力を失っていった。

こうしてカリスマ的人気を誇る小泉首相と、各省庁を束ねる経済財政諮問会議、諮問会議を主導する竹中平蔵氏、という小泉政権の骨格が出来上がった。

筆者が経済産業省に入省したのは小泉政権下の2005年のことであったが、この強力な官邸主導システムに感心するとともに、一民間人である竹中平蔵氏がここまでの権勢を誇ることを不思議に思ったものだった。今振り返ればこの素朴な疑問は妥当なもので、この諮問会議を中心とした小泉政権の官邸主導システムは、実のところ小泉氏のカリスマ人気に支えられている不完全なものだということが後に表面化する。ただそのことを痛感するのは小泉純一郎氏自身ではなく、彼の後を継いで総理大臣となった安倍晋三氏だった。

第一次安倍内閣のお友達人事と官邸主導の落日

安倍晋三氏が総裁選に勝利して小泉純一郎政権の後を継ぐことが決まった、2006年9月20日のことはよく覚えている。

当時私は経済産業省の研修の一環として京都のとある民間企業に2ヶ月ほど出向しており、定食屋でご飯を食べながらテレビを見ていた。まもなく52歳で戦後最年少の首相となる壮年の政治家が意気揚々と抱負を語る姿を見て「これから日本の政治どうなるんですかね〜。とりあえず期待しましょうよ」などと呑気に仲良くなった店長と雑談をしていた。ただ実際に研修を終えて経済産業省に帰ると、待っていたのは官邸に乱立する会議と首相側近の無秩序な自己アピールによる混乱だった。

先ほどリーダーシップの類型として「ビジョン型」「コーチ型」「関係重視型」「民主型」「ペースセッター型」「強制型」をあげたが、小泉純一郎氏が「ビジョン型」であったのに対して、安倍晋三氏は人間関係を重視する「関係重視型」のリーダーなのだと思う。当時私が在籍していた部局の担当審議官も、彼自身はリベラルな思想を持っていたにもかかわらず、「安倍さんってのは、独特な魅力があるんだよ。私も昔彼の下で働いたことあるんだけど、近くにいるとなんとなくその人間味に引きつけられてしまうし、彼もこちらのことを大切にしてくれるんだ」とその人間性に心酔しており、退陣に追い込まれた際には「残念でならない」と繰り返していた。安倍政権を批判する言葉としてよく「お友達人事」という言葉が使われるが、安倍晋三氏はよくも悪くも個人的な人間関係を仕事においても大切にするタイプのリーダーであったことは間違いないだろう。それが少なくとも第一次安倍内閣ではマイナスに作用していた。

小泉氏ほど改革色が強い強烈なものではないものの、安倍氏も首相に就任した時点では、政治家として「こういう社会を実現したい」というビジョナリーな政策を多数持っていた。ただ安倍氏が小泉氏と大きく違ったのは、政治目標のほとんどが安全保障や外交や教育といった、非経済分野のイシューだったことだ。これは安倍氏の人生を考えれば自然なことで、1960年の安保闘争時の首相であった岸信介《きしのぶすけ》の孫である安倍氏にとっては安保政策の見直しはある種の「家業」であったのだろう。安倍氏は自著で「私の原点」として以下のようなエピソードを挙げている。

「日米安保を堅持しようとする保守の自民党が悪玉で、安保破棄を主張する革新勢力が善玉という図式だ。マスコミも意図的に、そう演出していた。打倒する相手は、自民党の政治家だったわたしの父や祖父である。とりわけ祖父は、国論を二分した一九六〇年の安保騒動のときの首相であり、安保を改定した張本人だったから、かれらにとっては、悪玉どころか極悪人である。

高校の授業のときだった。担当の先生は、七〇年を機に安保条約を破棄すべきであるという立場にたって話をした。クラスの雰囲気も似たようなものだった。名指しこそしないが、批判の矛先はどうもこちらに向いているようだった。わたしは、安保について詳しくは知らなかったが、この場で反論できるのは、わたししかいない。いや、むしろ反論すべきではないか、と思って、こう質問した。「新条約には経済条項もあります。そこには日米間の経済協力がうたわれていますが、どう思いますか」すると、先生の顔色がサッと変わった。《岸信介の孫だから、安保の条文をきっと読んでいるに違いない。へたなことはいえないな》——そう思ったのか、不愉快な顔をして、話題をほかに変えてしまった。本当をいうと、そのときわたしは、条文がどんなことになっているのか、ほとんど知らなかった。でも、祖父からは、安保条約には、日本とアメリカの間で経済協力を促進させるという条項があって、これは日本の発展にとって大きな意味がある、と聞かされていたので、そっちのほうはどうなんだ、と突っかかってみたまでだった。中身も吟味せずに、何かというと、革新とか反権力を叫ぶ人たちを、どこかうさんくさいなあ、と感じていたから、この先生のうろたえぶりは、わたしにとって決定的だった。安保条約をすべて読みこんでみて、日本の将来にとって、死活的な条約だ、と確信をもつことになるのは、大学にはいってからである」

（安倍晋三『新しい国へ 美しい国へ 完全版』）

他にも同著では「祖父の家に遊びにいったらデモ隊に囲まれていた」というような庶民では味わうことのない体験が挙げられている。さて、では安倍氏が具体的にどのような形で日本の安保政策の見直しを進めようとしていたかというと、具体的には「憲法9条改正」「集団的自衛権の見直し」「愛国教育」「日本版NSC（国家安全保障会議）の設置」「拉致問題の解決」「国連安保理の常任理事国入り」などである。首相に就任した安倍氏は、こうした自身の政策ビジョンの実現に向け、側近を官邸の要職に配置し担当させた。いわゆるお友達人事である。

具体的には「教育再生会議」「安全保障の法的基盤の再構築に関する懇談会」「再チャレンジ推進会議」などといった会議体や組織を、既存の機関との役割分担を不明確にしたまま次々と設置し、塩崎恭久《しおざきやすひさ》、下村博文《しもむらはくぶん》、的場順三《まとばじゅんぞう》、世耕弘成《せこうひろしげ》、井上義行《いのうえよしゆき》といった官邸スタッフが各省庁と調整が不十分なままの状態で政策を推し進めようとして、いらぬ軋轢《あつれき》を生んでいた。今更第一次安倍政権のネガティブキャンペーンをする気は毛頭ないが、とにかく事実として調整に困り、混乱していたことは間違いない。先に挙げた5人の官邸スタッフは「フールファイブ」などと揶揄《やゆ》されたほどだった。

他方で、小泉政権下であれほど力を誇っていた経済財政諮問会議は埋没していった。小泉政権では「経済財政諮問会議で何が議論されたか」は最重要情報としてあっという間に省内で共有され、その対応のあり方をめぐって各局各課は頭を捻《ひね》ったものだったが、第一次安倍内閣では諮問会議の位置付けは「数ある官邸の重要な会議の一つ」程度の扱いに変わり、根本匠《ねもとたくみ》首相補佐官が検討する「アジア・ゲートウェイ戦略会議」や高市早苗《たかいちさなえ》内閣府特命担当大臣が検討する「イノベーション25戦略会議」などの有象無象の新設会議と競合し、従来の「オンリーワンの経済財政司令塔」の地位を徐々に失っていった。

このように諮問会議の位置付けが変質した要因は、あまりに強すぎた経済財政諮問会議の権力に対する不満が自民党内部でマグマのように溜まっていたこと、安倍首相が選挙を経ずに自民党内だけの総裁選で選ばれた総裁でその不満を押さえつけるだけの政治力を持っていなかったことによる。したがって安倍首相は諮問会議を代替する手段として、プロジェクトごとに官邸に新たな会議体を作り、側近を通じて議論をコントロールすることで各省庁に指導力を発揮し、また議員の不満を解消しようとしたが、それがうまく機能していなかった。

それにはいくつかの要因があるが、まず一つ目としては、官邸に側近を結集してその力を一丸にして多方面の政策変更を迫ろうとしたことが各省庁や安倍首相に対抗しようとする自民党内族議員の反発を招き、調整がつかなくなったことである。こうした政策の進め方は既存の組織との役割分担が不明確で政府内で混乱を招き、また小泉政権で冷遇された重鎮族議員たちの復権にむけた動きを蔑ろにするもので、党内の反発も招いた。

二つ目としては、これは政策ではなく政局に関することになるが、野党勢力が結集する名目を作ってしまったことである。21世紀の日本の選挙構造として、自民党は小選挙区において40%から50%程度の得票を安定して獲得している。そのため野党勢力が結集しない限りは選挙で勝利することができるのだが、安倍政権が憲法改正を前面に出すことで、逆に護憲を名目に野党が結集し、参議院選挙での敗北と政権の威信低下につながったのである。安倍首相は自著に憲法改正について以下のように記している。

「憲法草案の起草にあたった人たちが理想主義的な情熱を抱いていたのは事実だが、連合軍の最初の意図は、日本が二度と列強として台頭することのないよう、その手足を縛ることにあった。
国の骨格は、日本国民自らの手で、白地から作り出さなければならない。そうしてこそはじめて、真の独立が回復できる。それまで不倶戴天の敵同士だった自由党総務会長の大野伴睦と日本民主党総務会長の三木武吉が、堅く手を握りあったのが、この点であった。」

個人的に安倍氏の憲法改正に関するこのようなロマンチック、ナショナリスティックな思い入れは共感するところもないではないが、第一次安倍政権で具体的な政策的必要性を伴わずに無邪気に憲法改正を全面的に押し出したのは選挙のことを考えればあまりに無邪気すぎたといえよう。

最後に三つ目としては、小泉氏とは逆にメディアを敵に回してしまったことである。安倍政権は「戦後レジームからの脱却」を掲げて発足当初からいわゆるリベラル陣営（というより朝日新聞）の主張と真っ向から対立する政策を多方面で展開した。そのカウンターとして、リベラル系メディアは安倍政権のスキャンダル探しに躍起になった。もともと安倍政権と朝日新聞は、朝日新聞が誤報に近い安倍氏のスキャンダルを報道した「NHK番組改変問題」で犬猿の仲にあったが、さらに安倍首相は朝日新聞の神経を逆撫でする愛国教育や憲法改正といった政策を次々と推進しようとしたため、同紙をはじめとしたリベラルメディアは安倍政権の醜聞を大々的に取り上げ糾弾を繰り返すようになった。特に失言報道は日に日に熱を増し、柳澤《やなぎさわ》伯夫《はくお》厚労大臣の「産む機械」、松岡《まつおか》利勝《としかつ》農水大臣の「ナントカ還元水」、赤城《あかぎ》徳彦《のりひこ》農水大臣の「絆創膏《ばんそうこう》会見」などはセンセーショナルに報道された。

また当初は「味方」であったはずの保守系のメディアも、第一次安倍政権がメディアに圧力をかけようと、新聞の全国統一価格を可能とするいわゆる「再販制度」の見直しに取り組もうとしたことで敵に回してしまった。再販制度見直しを自論とする竹島《たけしま》一彦《かずひこ》氏を公正取引委員会の委員長に任命し、これを進めようとしたことが読売新聞主筆のナベツネこと渡邉《わたなべ》恒雄《つねお》氏の逆鱗に触れたとされている。

当時筆者は経産省において工場立地に関する規制、税制の見直しを担当しており、農水省と折衝する立場にあったが、ある日いつものように農水省のカウンターパートに電話したところ「ちょっと今日は待ってくれ、大臣が自殺した」と言われ、「まさか」と思いテレビをつけたら松岡農水大臣の自殺が報じられていた。その時テレビを茫然と見つめながら

「この政権ももう終わりかな……」と独りごちたことを思い出す。

このように官邸主導システムは安倍政権下で機能不全に陥り、続く福田・麻生政権でも十全に活用されずに２００９年の政権交代を迎えることとなった。民主党については後で論じるとして、次は第二次安倍政権と第一次政権の違いを見ていくこととしよう。

「やってる感政治」の誕生　アベノミクスと集団的自衛権

第二次安倍政権は第一次安倍政権の反省を踏まえて、政権を長く維持するための方策をよく考えて設計された政権だった。

２０１２年12月26日、安倍首相が内閣を発足させてすぐに取り組んだことはいわゆる「アベノミクス」とされる経済政策だった。２０１３年1月11日に閣議決定された「日本経済再生に向けた緊急経済対策」にはその狙いについて、

「日本経済再生に向けて、大胆な金融政策、機動的な財政政策、民間投資を喚起する成長戦略の「三本の矢」で、長引く円高・デフレ不況から脱却し、雇用や所得の拡大を目指す」

と記載され、併せて

「経済財政諮問会議を再起動し、（中略）経済財政運営の司令塔として（中略）間断なく各府省に課題を示し、スピード感と実行力をもって、その解決策の実現を図る」

と、民主党政権で休眠していた経済財政諮問会議を復活させ、経済財政政策の司令塔として積極的に活用することが宣言されている。経済財政諮問会議は強力な官邸主導政治を実現する一方、その反作用として自民党内の不満を招く諸刃の剣である。第一次安倍内閣では党に配慮してうまく諮問会議を使えず、会議の乱立による混乱を招いたが、第二次安倍政権は選挙に勝利した勢いを利用して、小泉政権よろしく諮問会議を中心にした官邸主導政治を実現しようとした。

その中身がアベノミクスというわけだが、これは今から見ると「経済を回復する政策」ではなく、「経済が回復しているような感覚を世間に持たせる」政策だった。やや細かい話だが、アベノミクスを構成する三つの要素を簡単に説明すると、

・大胆な金融政策：日銀に低金利で大量に国債を買わせる
・機動的な財政政策：公共事業を増やす
・民間投資を喚起する成長戦略：企業が活動しやすいよう規制を緩和する

となる。このうち前者の二つは「日銀が市場で低金利で国債を大量に買えば国債の利払い費が下がる。したがって、新たに国債を大量発行して公共工事をやっても、後年度の財政赤字に影響しない」という関係で強くつながっている。つまり、日銀に影響力を行使することで財務省の財政健全化に向けた動きを牽制《けんせい》して、公共事業の拡大を実現するというわけだ。これは財務省にとっては半ばありがたいことでもあり、日銀総裁に財務省OBの黒田東彦《くろだはるひこ》氏が選ばれたことはこうした事情による。加えて銀行から国債を高値で買い取り低金利を実現すると、行き場を失った資金が株式市場に向かい株高を実現する効果も期待できる。資金調達コストが安くなることで企業の利益の改善も望めた。

実際2012年11月16日に衆議院が解散されたときの日経平均株価は9024円だったが、2015年8月7日までは株価が上がりつづけ20724円まで回復した。さらに2012年度、2013年度の予算は補正予算で公共事業が大幅に積み増され、平時としては異例の100兆円を超える規模の予算となった。要するに、アベノミクスが掲げた目標は当初は順調に達成されていくかに見えた。

しかし、それは経済成長には結びつかなかった。アベノミクスの効果で経済成長したと言えるのは2013年の2・0%成長のみで、実のところそれ以降、経済成長という意味ではアベノミクスの成果はあまり出ていない。

その割に景気が良いという感覚があったのは、多くの大企業が過去最高益を繰り返したからであろう。第三の矢とされた「民間投資を喚起する成長戦略」も、小泉政権における新自由主義のような大きな経済イデオロギーはなく、企業にフレンドリーな制度改正や規制緩和や法人税減税などのパッケージだったので、大

図2　日本の実質GDP成長率

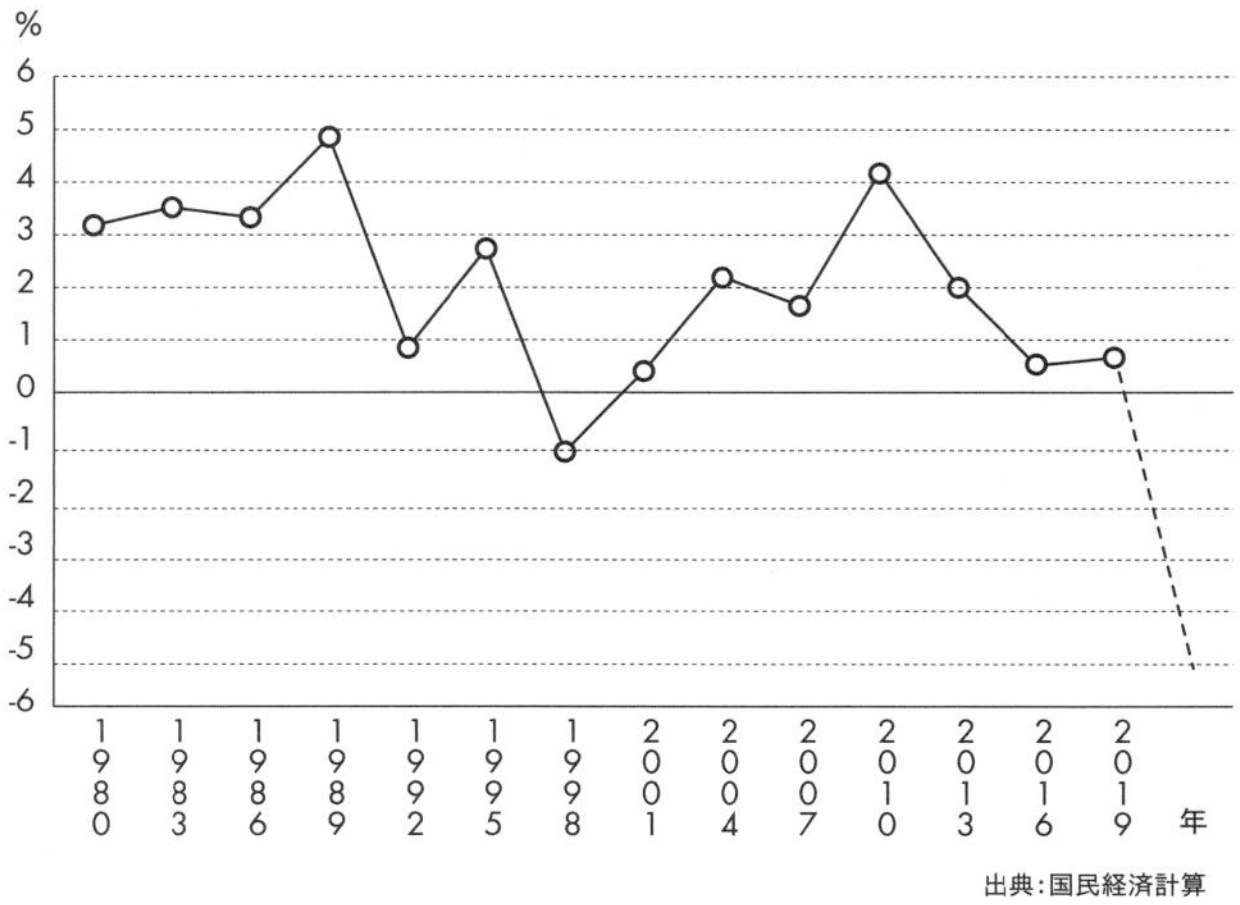

出典：国民経済計算

企業にとっては低金利で資金を安く調達でき、税金が安くなり、規制も緩和され、なおかつ世界経済も順調、という極めて良い環境が生まれたわけである。企業の好調によって好景気感は演出できたものの、企業の好決算は必ずしも国全体の経済成長につながらなかったのである。それでも、「経済が回復しているような感覚を世間に持たせることに成功した」という意味でアベノミクスは成功した政策であった。

このような企業フレンドリーな政策を展開するにあたって核となったのは、財務省ではなく、長年産業政策を通じて産業界と気脈を通じた関係を築いてきた経済産業省出身の官邸官僚たちだった。

こうしてアベノミクスと経済財政諮問会議の復活によって官邸主導の経済政策を実現した安倍政権が、同時に推し進めたことが集団的自衛権の容認、いわゆる安保法制の見直しであった。この集団的自衛権の容認自体は実のところ安倍政権が自発的に推し進めたことではなく、長年アメリカから求められてきたことである。例えば知日派の代表とされるリチャード・アーミテージとジョセフ・ナイは定期的に日米関係についてレポートを作成しているが、2012年8月に策定された「アーミテージ・ナイレポート」には以下のような形で集団的自衛権の必要性が説かれている。

「日本は、インド洋における重要な海賊取締りに参加できるよう、法的課題を解釈し直してきた。しかしながら皮肉なことは、われわれの軍隊が日本を集団的に防衛することを法的に阻まれていることである。日本の集団的自衛の禁止における一つの変化は、その皮肉に十分に対処することになるだろう。政策の転換は、司令部の統一や、より軍事的に攻撃的な日本、あるいは日本の平和憲法の変更を求めるべきではない。集団的自衛の禁止は、この同盟にとって障害物である」

（和訳は https://blog.goo.ne.jp/harumi-s_2005/e/b251df0eec854a2d6862409b58b97d91 を参照した）

注目すべきは、安倍首相はこの集団的自衛権の容認を、自身の悲願である憲法改正と結び付けなかったことである。かつての安倍氏なら迷わず、集団的自衛権容認による日米同盟の盤石化と憲法改正を、一挙両得とばかりに実現しようとしたのではないかと思うが、第一次政権での失敗を経た安倍首相は慎重だった。憲法9条改正を目指すとリベラル勢力が団結してしまうと警戒し、直接的な憲法改正によらないアプローチ、すなわち解釈改憲の形をとった。

実のところ野党勢力にも対米関係の重要性から集団的自衛権の必要を感じている議員は多かったので、安倍首相がこうした方針を取ったことで野党勢力は完全な結集ができなかった。安倍政権誕生後に、日本維新の会、みんなの党、民主党の合併構想が頓挫し、その後日本維新の会が野党合流とは距離を置く「ゆ党」を自称し始めたことは象徴的な事例である。

安倍首相は悲願である憲法改正を完全に諦めたわけではなく、例えば自衛隊の明記を提案する、国民投票法などを改正して憲法改正の手続きを整備するなど、憲法改正に向けたアプローチは断続的に続けたが、しかしながら本当に自民党として策定した憲法改正原案を国会に提出するまでに至らず、こちらもアベノミクスと同様に「憲法を改正しようとしている姿勢を国民に感じさせる」にとどまった。

このように第二次安倍政権は第一次安倍政権での反省を通じて、権力を維持するために官邸主導の体制で実利的な政策を次々と実行していく政権であった。ただ経済政策はあくまで国民の支持を得るための手段として取り組んだ力強さに欠けるもので、小泉政権にあったような本当の意味で「骨太」なビジョンは当初から存在しなかった。また憲法改正という本当にやりたいことも選挙を意識して実現できなくなってしまう、だからといってポーズは崩せない、という皮肉な結末に陥ってしまった。この「対外的に何かをやろうとしている、または、やっているように見せて、実は実現しようとしていない政治」を筆者は「やってる感政治」と呼んでいる。

ただその「やってる感」を国民に気づかれるわけにもいかないので、メディア操作もより入念に行うようになった。具体的にはマスメディアからの批判に対抗するために、SNSを通じたインフルエンサーたちの応援団を形成した。安倍氏は政権を取る前からFacebookを通じてメディアや民主党政権を活発に批判してネットで人気を得ており、そうした人気に吸い寄せられるようにいわゆる右派系、リフレ系のインフルエンサーが自然に応援団を形成していった。こうしたインフルエンサーがtwitterや討論番組でマスメディアからの批判のカウンターとして機能した。

そして政権運営における本質的な矛盾、例えば、通貨の大量発行によるデフレ脱却という経済目標が一向に達成されず経済理論が不在となっていること、それでも続く企業フレンドリーな経済政策が特定企業の利権誘導につながりかねないこと、違憲の疑念を持たれる政策を遂行することに対する危険性、をつく質問に対抗する手法として磨かれていったのが、安冨氏の言うところの「東大話法」であった。次の項では、政権擁護《ようご》術としての東大話法の起源を振り返ることとする。

民主党政権のスポークスマン枝野幸男と東大話法

ここで一度「東大話法」という言葉を生み出す元になった政治家、現立憲民主党党首の枝野幸男氏に焦点を当てたい。

枝野幸男氏は立場で話すことを変える政治家である。

これを安冨歩氏らは強く批判したわけだが、枝野氏には枝野氏の事情、理屈があるし、私自身は枝野氏は社会人、組織人として常識を持つ、責任感の強い人物だと評価している。

枝野氏は民主党政権末期の2012年9月に書いた『叩かれても言わねばならないこと。』という本で、尊敬する政治家として鈴木貫太郎《すずきかんたろう》の名前を挙げているのだが、この理由がいかにも彼らしい。鈴木貫太郎は太平洋戦争を終戦に導いた総理大臣だ。彼自身政治が好きだったわけではなかったが、昭和天皇から「この重大なときに当たって、もう他に人はいない。頼むからどうか曲げて承知してもらいたい」と請われて、1945年4月に「国民諸君は、私の屍を踏み越えて、国運の打開に邁進されることを確信いたしまして、謹んで拝受いたしたのであります」と悲壮な覚悟で首相の任を引き受けた。

首相についた鈴木貫太郎は主戦派の陸軍のクーデターを阻止するために表向きは議会で徹底抗戦論を唱えながら、その実裏で終戦に向けての道を探り、天皇の「聖断」による無条件降伏を実現した。

枝野氏は、この鈴木がなした一連の終戦工作こそがまさに政治であると絶賛している。つまり彼は「大きな目的のためには、立場で言葉を使い分けること」をプラスに評価しているといってもいいだろう。ただそれだけではある意味国民を欺《あざむ》いているわけで、時々の政治決断を後世正しく評価することができないので、公文書を作成、保管、公開することの重要性を述べている。こうした彼の政治哲学に私も共感するところが多いのだが、彼自身がこのような思想を持つに至ったのはやはり官房長官、経済産業大臣として福島原発事故の処理にあたった経験が大きいのだろう。

こと原発に関しては枝野氏はそれこそ「立場」によって言動を変えてきた。

枝野氏が初入閣したのは鳩山内閣のことで、この時は２０１０年2月に行政刷新担当大臣に就任した。鳩山内閣はCO_2の25%削減を目指して原子力発電所の新増設を積極的に推進する立場をとっていたので、枝野氏は間接的ながら原発推進に与したことになる。

続く菅直人内閣では２０１１年１月に官房長官に就任したが、２０１１年３月11日に東日本大震災が起きると、福島第一原子力発電所事故に関するスポークスマンとして連日会見に臨むことになった。この時有名になったのは放射線の健康被害に関する「ただちに人体に影響はない」というフレーズだ。この発言は、何かを言っているようで何も言っていないがとりあえず現下の秩序は維持されるという意味で一定の効果は果たしたが、「ただちに影響がなくても、後々の影響はどうなのか、そこは曖昧にしてごまかしていないか」と聞く方に一抹の不安を残すものであったことは否定できず、「欺瞞の言語」として大きな批判を浴びた。

続く野田内閣発足のタイミングで枝野氏は一度内閣からは離れるが、鉢呂《はちろ》吉雄《よしお》経済産業大臣が就任早々「放射能を分けてやるよ」という趣旨の発言をしたという舌禍《ぜっか》問題で辞任すると、今度は経済産業大臣として内閣に復帰し、電力不足解消のため関西電力の大飯原発の再稼働を進め、さらには核燃料サイクル関連施設の建設を容認する一方、「段階的脱原発論」を唱え始めるようになる。

そして2012年12月の衆議院議員選挙で民主党が政権の座を降りると「脱原発」の姿勢を強め、2020年に立憲民主党が国民民主党の大部分と合流したのちは支持層拡大のために「自然エネルギーで脱原発を早期に達成する」という姿勢を積極的に打ち出し始めた。

東日本大震災以後枝野氏は常に「脱原発は難しいがやらねばならない」というスタンスを維持する中で、立場に合わせて少しずつ言うことを変えており、「大義のためならば多少の詐術を用いても構わない」という彼の政治観を体現しているように思う。そしてこれは「政権交代という大義のためなら実現不可能なマニフェストを掲げることも許される」としたという意味において、民主党が政権交代を実現する過程の論理そのものであった。

この点枝野氏は同書で以下のように述べている。長くなるが引用する。

「政治不信や格差の拡大、コミュニティの崩壊……。日本においてさまざまな分野で噴き出している問題の多くは、近代化プロセスの限界に直面しているがゆえの矛盾の表れだ。その矛盾を転換していくための変化の入り口が、2009年秋の自民党から民主党への政権交代のはずだった。衆議院議員総議席の3分の2を占める歴史的な圧勝を果たしたものの、当初7割を超えた内閣支持率は、半年間で2割前後に落ち込んだ。

反省を込めて言えば、国民の支持を急速に失った原因は、本来なら変革に相当の時間がかかる課題について、あたかもすぐにできるかのような幻想を国民に与えたためだ。そのために、マニフェストに盛り込んだ農業者戸別所得補償制度や子ども手当なども、自民党時代と同じ〝ばらまき政策〟とみなされた。膨大な財政赤字の中で、予算配分を大幅に変えて喫緊の課題である社会保障などに振り当てるとなれば、多くの既得権益を壊すことになる。しかも高齢社会の進展に合わせた社会保障には、いっそうの財源を要するために大幅な増税が必要となる。本来なら内閣をいくつも潰さなければできないことだ。日本の政治は、消費税率を引き上げるだけで、これまで内閣を2つも3つも潰してきた。多くの困難と時間を要する課題を、1回の選挙で解決できるという誤解を、多くの人々に与えてしまったのではないだろうか。

（中略）国民の間にはいつまでも〝改革幻想〟がくすぶることになる。しかし、多くの国民はもう気づき始めている。飛躍的な経済成長や、カリスマによる既成秩序破壊や、即効を謳う改善策が、もはや幻想でしかないことに。大衆迎合的なやり方で「風」を受けて大勝する選挙は、すでに2回失敗している。2005年の小泉郵政選挙と09年の政権交代選挙だ。本来、時代の転換のために既成秩序を壊さなければならない政治が、国民から拍手喝采で迎え入れられるはずはない。国民の幻想と期待感に基づく「圧倒的民意」や「旋風」が、やがて失望に変わるのは理の当然だった」

（枝野幸男『叩かれても言わねばならないこと。』）

民主党への政権交代に国民が何かしらの変化を期待していたことは間違いないだろう。当時社会には、リーマンショックを起因とした世界的な大不況の中で「小泉政権以来の新自由主義的路線は間違っていたのかもしれない。何か他の考え方が必要なのかもしれない」という雰囲気があった。

実際世論調査で民主党を支持する理由でダントツ一位だったのは「他の政党がダメだから」というものだった。そうした自民党に対する不信が広がる中で「経済第一」に対するアンチテーゼとして民主党が2007年に掲げた「国民の生活が第一」というスローガン

図3　民主党の支持理由

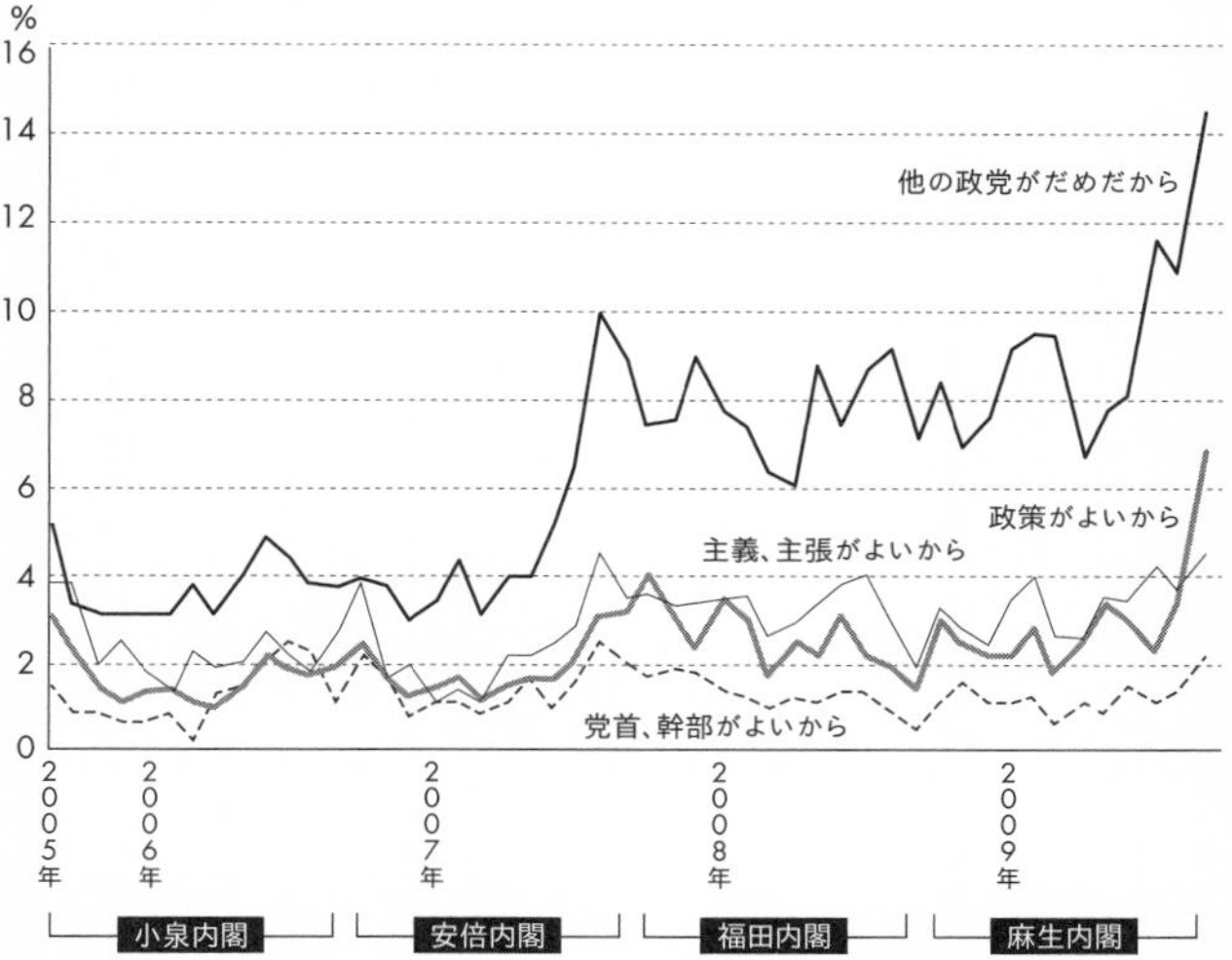

出典：中央調査社『中央調査報』

はそれなりに大衆に刺さり、民主党の主義主張に共感して支持する層は増えた。

こうした主義主張が政策として具現化したのが2009年の衆議院選挙前に「国民との契約」と言って民主党が掲げたマニフェストで、その内容は「『コンクリートから人へ』に代表されるような、これまで物に投資されていた予算を削減して、社会保障の充実や子ども手当や農業者戸別所得補償といった形で『国民＝ヒト』に分配する」というものだった。そしてこのマニフェストは日々の生活に疲れていた国民にある程度支持され、民主党を政策を理由に支持する層が一気に増えた。

しかし、膨れ上がった期待にも関わらず、財源不足や既得権益の反対を理由としてマニフェストの多くの項目は実現しなかったか、中途で頓挫した。これを枝野氏は「多くの困難と時間を要する課題を、1回の選挙で解決できるという誤解を、多くの人々に与えてしまったのではないだろうか」というが民主党はマニフェストを掲げて「これを4年で実現する」と喧伝していたのだから「国民が誤解した」というよりも「民主党が騙した」というほうがより正しい表現だろう。

小泉政権の時に見た新自由主義の幻想がリーマンショックでもろくも崩れさり、生活再建を掲げた民主党のマニフェストも絵に描いた餅にすぎないことがわかり、国民は政府や政治家の描くビジョンに期待するようなナイーブさを失った。枝野氏が言う通り国民が政治に「失望」するのも当然だ。

本書を執筆しているのは緊急事態宣言の最中であるが、国民が連呼するのは「つべこべ言わず10万円を給付しろ」ということである。政治家の言葉を信じて、痛みに耐えても、政権交代しても、世の中は彼らがいうようには変わらなかった。だったら信じられるのは政治家の実態のない大きな言葉よりも確実に配られる金とそれを実現してくれる政治家というわけである。日本人の心はだいぶ乾いてしまった。少し前のデータだが、2015年の世界経済フォーラムで発表された統計で、日本人の政府への信頼は37%と世界最低水準になっている。

こういう中でかつて枝野氏が官房長官として発した「ただちに人体に影響はない」というような何かを言っているようで何も語らない技法、有り体《あ　てい》に言えば誤魔化《ごまか》す技術、というものが重宝されるようになり「東大話法」と揶揄されるようになったのだろう。「大義のためならば多少の詐術は仕方ない」と考え、責任感が強く、立場を重視し、巧みに弁舌を操り問題を煙に巻くことを得意とする枝野氏はこうした政治に対する信頼が欠如した時代にふさわしい政治家なのだと思う。良くも悪くも。

菅義偉の官僚操縦術とビジョンなき官邸主導

話を戻そう。

第二次安倍政権の後半の官邸は、政策ビジョンというエンジンを失いかけながらも慣性で走り続ける権力維持装置だった。前述したとおり第二次安倍政権には、表のテーマとしてデフレ脱却を目指した経済再建策「アベノミクス」、裏のテーマとして安倍首相の悲願だった「憲法9条改正」があった。しかしながら長期政権の中盤ごろにはこの両者とも実現に黄信号が点っていた。

当初アベノミクスの目標とされたのは、インフレ率2%だったが、いくら日銀が金融緩和でお金を供給しても、市場に資金が回らず、早々にこの目標は達成困難なことが明らかになった。安倍政権が発足してからインフレ率が実際に2%を超えたのは2014年のみで、これは5%から8%への3%の消費増税の影響である。

これではまずいと、2015年9月からアベノミクスは便宜上「第二段階」なるものに入り、「『一億総活躍』による『GDP600兆円』達成」という新たな目標が掲げられることになったが、これも達成されることなく終わった。

第二次安倍政権下の名目GDPを追うと2012年の494・6兆円に始まり、2019

年には553・7兆円まで膨らんだ。ただしGDP成長率はイマイチで、例えば米ドルベースでみると6・3兆ドルから5・1兆ドル弱へと減少している。円安の効果で円ベースでの評価は膨らんだのだが、それでも600兆円には届かなかった。もちろん為替《かわせ》の影響を排除した指標でもそれなりに成長はしており決して「成果が全く出なかった」というわけではないのだが、当初目標の達成には程遠かったと言わざるを得ないだろう。

また憲法9条改正に関しても、これは逆説的なことだが、集団的自衛権の容認を憲法改正なしの解釈改憲で乗り切ってしまったため、そもそも憲法改正する理由自体を失ってしまった。そのため憲法改正をする口実を無理やり作り出そうと2017年ごろから「憲法9条に自衛隊明記」などといった案も取り沙汰されるようになったのだが、これでは憲法改正自体が自己目的化しているとして国民の支持が得られなかった。

こうして自ら掲げたビジョンを失いかけた安倍政権を支えた慣性は何だったかというと、皮肉なことに民主党政権から与えられた宿題である「消費税増税」であった。消費税の10%への引き上げが決まったのは民主党野田佳彦政権下の2012年8月のことで、これは自民党、公明党、民主党の三党合意によるものだった。

当初消費税引き上げは、2014年に8%、2015年に10%と引き上げられるはずだったが、引き上げが2014年8月、2016年6月の二度にわたって引き延ばされた。これは明らかに選挙を意識したもので、2014年12月に解散による衆議院選挙、2016年7月に参議院選挙が行われ、消費増税の保留が功を奏したのか両選挙で自民党は勝利した。とはいえ衆議院ではかろうじて自公で⅔を超えたものの、参議院では遠く⅔に及ばず、与党独自での憲法改正は不可能になった。

このようにアベノミクスでも憲法9条改正でも所定の目標達成が厳しくなった安倍政権だが、宿題である消費増税の実行を目指してなんとか慣性で走り続けていた。増税を世間が受け入れる環境を作るため、「経済が良くなっている〝感じ〟」「生活が良くなっている〝感じ〟」「労働環境が改善されている〝感じ〟」を演出する必要があり、そのために国家戦略特区、教育無償化、働き方改革などの政策パッケージが具体化されていった。

こうして安倍政権が「ビジョン型の政治」から「やってる感政治」へと徐々に変質していく過程では、大局的なビジョンの不在を国民に気づかせないようにするため、また必ずしも理にかなってない政策を官邸主導で官僚に強制的に実行させる必要性が生まれ、そうした中で影響力を増してきたのが本書の本来の主役でもある官房長官時代の菅義偉氏であった。

ここで少し菅氏の政治経歴を見てみよう。

菅義偉氏の政治家人生は1975年に横浜を地盤としていた小此木彦三郎《おこのぎひこさぶろう》衆議院議員の秘書となったことから始まる。1983年に小此木が通産大臣になると大臣秘書官を務めており、これが菅義偉氏の官僚操縦の原点と言えるかもしれない。そして11年間秘書を務めた後、1987年、39歳になる年に横浜市議会議員に当選したことから政治家生活が始まる。彼は当初から小此木議員の秘書時代に培った人脈を生かして横浜市政に大きな影響力を持つことに成功し、特に小此木の死後は「影の横浜市長」と呼ばれるほどの影響力を持ったと言われている（松田賢弥『影の権力者 内閣官房長官菅義偉』）。

こうして市議を2期8年務めた後1996年に神奈川2区から自民党公認候補として出馬し無事当選。この後自民党において故梶山静六《かじやませいろく》を師と仰ぐようになり、しばらく非主流派の道を歩む。なお菅氏は著書『政治家の覚悟』において、梶山の

「官僚は説明の天才であるから、政治家はすぐに丸め込まれる。お前には、おれが学者、経済人、マスコミを紹介してやる。その人たちの意見を聞いた上で、官僚の説明を聞き、自分

で判断できるようにしろ」

という言葉を心に刻み、判断力を身に付けるよう心がけてきたと語っており、当初から独自のブレーン形成と官僚操縦に特化した政治家になることを意識してきたことが窺える。

菅氏が政治の表舞台に登場してきたのは小泉政権時のことで、政治基盤が弱い竹中総務大臣を裏で支える「スーパー副大臣」として党内を掌握し、そのまま第一次安倍政権で総務大臣に就任した。菅氏は独自の官僚操縦術を存分に発揮し、南米の地デジ放送への日本方式売り込み、ふるさと納税制度創設、地方交付税に企業誘致等のインセンティブを持たせる「頑張る地方応援プログラム」、法人二税の地方自治体への配分増、自治体の財政管理強化を進める地方財政健全化法の成立、などの成果を次々とあげた。

自民党が下野したのちも安倍晋三氏を根強く支持し、2012年の自民党総裁選では甘《あま》利《り》明《あきら》氏などといち早く安倍支持を打ち出して安倍総裁誕生の立役者となり、第二次安倍政権では官房長官に就任する。官房長官に就任した菅氏はまず各府省の役人のトップである事務次官の連絡会議を設置して「官邸に事前に相談せず、各府省で勝手に人事案を決めて持ってくることは許さない」と宣言し、各府省の幹部人事の統制を始める。菅氏は著書で

「私は、人事を重視する官僚の習性に着目し、慣例をあえて破り、周囲から認められる人物を抜擢しました。人事は、官僚のやる気を引き出すための効果的なメッセージを省内に発する重要な手段となるのです」

と述べていることからも、特段に官僚の人事の掌握を重視していることがわかる。時間が前後するが、2014年5月に発足して菅氏の権力の源泉になったと言われる内閣人事局はこうした菅氏の人事掌握を正式に制度化したものとも言えよう。

内閣人事局は各省庁の部長級以上の人事を統括するもので、この創設により、各省庁の幹部人事権は、形式上は各省の大臣にあるが、実質的に官邸に握られることになった。各省庁は幹部人事にあたっては首相や官房長官への協議が必要となり、官邸は各省庁の人事について事実上の拒否権を有することになったからだ。これにより、あらゆる官僚は出世を目指すなら良くも悪くも官邸の方を向いて仕事をせざるを得なくなった。内閣人事局の構想自体は従来からあるものだったが、その器に魂を込めたのは菅氏であったといえよう。

第二次安倍政権では役割として政策ビジョンの形成と実行が分かれており、政策ビジョンの形成は同政権の最高意思決定機関である「正副官房長官会議」で行われていた。メンバーは安倍首相、今井尚哉《いまいたかや》首席秘書官、官房長官、官房三副長官で、ここで安倍首相及び今井秘書官を中心とするその側近が政策をパッケージ化したビジョンを作り、それを菅官房長官、その他官房副長官が官僚を操縦して実行する、という役割分担の元に強固な官邸主導体制が築かれることになった。日に日に内容がお座なりになっていったが、それでも安倍政権は国民に訴えるビジョンというものを作り続ける努力はしていた。

しかし安倍首相は2019年10月に10%の消費増税を成し遂げ、その後の一連の新型コロナのパンデミックの第一波を乗り越えると燃え尽きるように辞任した。そしてその後を継いだのが菅首相であるのは皆さんも御存知のとおりである。

菅首相が官房長官に指名したのは、内閣人事局発足を内閣官房副長官として支えた加藤《かとう》勝信《かつのぶ》氏で、安倍政権を長期に渡って情報収集面から支えた杉田和博《すぎたかずひろ》官房副長官、メディア対策を担当する岡田直樹《おかだなおき》副長官は留任し、新たには菅氏の地元である自民党横浜市連会長を務めた坂井学《さかいまなぶ》衆議院議員が官房副長官に就任した。しかしながら「正副官房長官会議」はもはやかつてのような意思決定機関としての役割は果たしていない。

つまり第二次安倍政権から「ビジョン形成」という機能が抜け、官邸中心の統治システムのみが受け継がれる形で菅政権は誕生したことになる。

小泉政権において「改革ビジョン」を実行するために誕生した経済財政諮問会議を中心とする官邸主導システムは、最終的に各省庁の人事を官邸が掌握し、ビジョン不在のまま各省庁に政策を押し付けるシステムとして結実したというのは誠に皮肉である。

政治家として語るべき日本社会の未来像を持たないままに政策を実行するとなると、会見や国会において質問をはぐらかし誤魔化す技術と、説明のない政策を実行する強制力が必要になる。菅首相はまさにその二つの能力を持つという意味では、このシステムの統治者として適任であるし、また、これを生み出した本人でもあろう。

第2章

菅政権の誕生まで

さて、第1章では21世紀に入ってから今に至るまでの日本の政治を「ビジョン」と「官邸主導」をキーワードに簡単に振り返ってきた。色々と述べたのでかえってわかりにくくなったかもしれないが簡単にまとめれば、

- 経済財政諮問会議を使った官邸主導政治は小泉純一郎首相が新自由主義的経済ビジョンを実現するために作り上げたものだった。
- 経済財政諮問会議は選挙に強く自民党を押さえ込める小泉政権時は機能したが、その間梯子を外され権力を失った自民党の族議員は不満を溜めることになった。
- 小泉政権の跡を継いだ第一次安倍政権はこうした自民党内の議員の恨み節を意識して党議員を官邸に取り込む「経済財政諮問会議なき官邸主導」を目指したが、結果として司令塔が不在となり混乱を招いた。
- また憲法改正を目指したことで野党勢力が結集して選挙で大敗し、自民党を押さえ込むだけの政治力も失い早期に退陣することになった。
- 他方2009年の民主党への政権交代は「国民の生活が第一」という新自由主義に対する対抗ビジョンを、その実行策としてのマニフェストとともに掲げて実現したものだった。

・しかしながら、マニフェストの非現実性は財源面を主として早期に明らかになり、民主党政権は国民に語るべき言葉を失った。そうした時期に起きたのが東日本大震災およびそれに伴う福島第一原発事故だった。

・この時期スポークスマンとなった枝野官房長官は、国民に対して語るべき言葉がない中で混乱を収拾しながら定められたタスクをこなさなければいけない立場に置かれ、独自のレトリックを駆使して会見を乗り切った。それが「東大話法」と揶揄されることになったが、ビジョンの不在を覆い隠すために記者会見を形骸化させるレトリックは、その後の政権でも引き継がれることになった。

・第二次安倍政権は第一次安倍政権の失敗を踏まえ、経済財政諮問会議を再起動してアベノミクスという経済ビジョンを掲げ、また、選挙を意識して悲願である憲法改正は後回しした。

・アベノミクスではデフレ克服と経済成長を掲げたが、これは両方とも早期に実現の見通しが厳しくなった。また憲法改正についても集団的自衛権の一部容認を解釈改憲で乗り切ったため口実を失い、実現の見通しが立たなくなった。

・結果として第二次安倍政権の後期は「消費増税」という課せられたタスクをこなすために、

教育無償化や働き方改革などのスローガンで経済、生活環境がよくなっているかのような雰囲気を演出する、いわば政権の「(改革を)やってる感」を演出する政策が重視されるようになった。この過程で官邸が全省庁の人事を掌握し、人事を通じて各省庁を動かす内閣人事局システムが出来上がった。

- 安倍政権は10%への消費増税後に新型コロナのパンデミック第一波への対応を終えると力尽きるように総辞職した。その後の菅政権は安倍政権の権力システムの中核をビジョンの策定という機能を除いて受け継ぐ形で誕生した。

といったところである。本書のテーマを「東大話法」と「やってる感政治」に置いたのは、21世紀の政治を通じて培われたこの二つの要素が菅政権を特徴づけるシステムとなったと感じたからである。ある意味で21世紀の「改革政治」の集大成と言っても良い。

小泉政権誕生時の官邸主導システムというのは「首相の経済ビジョン」があって「ビジョンを実現するためのタスクとしての政策」があり、その政策を各省庁に実行させるための中核機関が官邸にあるというものだった。その背景には、二大政党制を前提に、国民が小選挙区制の下でビジョンを選択する選挙を行うという、20世紀末期に行われた政治制度改革の思想があった。1990年代から2000年代にかけて永田町の政界再編をリードし続け、選挙制度改革を実現させた当本人でもある小沢一郎《おざわいちろう》は1993年に著書『日本改造計画』で以下のように述べている。

「この制度（小選挙区制）では、各選挙区で一人しか当選しないのでどんなに得票が拮抗しても一票でも多い方が議席を獲得し少ない方は議席を得られない。これほど明瞭に多数決原理の考え方を反映している選挙制度はないであろう。

また、各党は当然、地頭から複数の候補者が立候補しないよう調整する。そのため選挙戦は、それぞれの政党の代表者間で争われ、各党が政策を競うことになる。選挙戦のあり方としては理想的である。さらに、選挙民が均質で、それほど思想的にかけ離れていなければ、競争原理から言って、選挙は具体的政策をめぐる二大陣営の争いになるだろう。その結果、国の基本理念を同じくする二大政党制が確立しやすくなる。

小選挙区制では、得票数の開き以上に議席数が開くので、支持率の変化が敏感に議席に反映され、政権交代が起きやすくなるという点も見逃せない。日本の政治が抱えているほとんどの問題は、小選挙区制の導入によって解決できそうだ」

しかし現実には二度の政権交代と数々の選挙を経て出来上がった現在の政治システムは、政権交代の可能性が限りなく遠のき、他方で野党結集を阻止するために憲法改正のような国のあり方に関わる根本的な議論は封じられることになった。ビジョンが不在のまま、個々の課題についてはタスクベースで強力な統制力を持つ官邸が政策を推し進め、会見や国会で問われる質問は「東大話法」で受け流し、なんとなく国民に「やってる感」を見せつける政治である。

別に私はこの「やってる感政治」の全てを否定するものではないし、それもまた重要な政治の技術とは思うが、このまま過去の延長の政策を漸進的に進化させ続けているだけで、少子高齢化、経済の低迷、中国の台頭といった大きな問題に日本が対処していけるとはとても思えない。

第2章ではこの「東大話法」と「やってる感政治」を打破するために、菅首相により焦点を当てて、その背景、構造を考えていくこととしたい。

安倍晋三と菅義偉の一蓮托生

いうまでもなく菅政権というのは安倍政権を引き継いだ政権である。したがって菅政権の権力システムを理解するにあたって、現首相の菅義偉氏と前首相の安倍晋三氏の関係を知っておくことは損はないように思う。そのためには少し時代を遡って20世紀末の平成政治史を振り返ることになるが、少しばかりおつきあい願いたい。

菅氏と安倍氏が親しくなるきっかけとなったのは、安倍氏が盟友の中川昭一《なかがわしょういち》元財務大臣と1997年に立ち上げた「日本の前途と歴史教育を考える若手議員の会」(通称〝歴史教科書議連〟)だったようである。当時安倍氏は当選3期、菅氏は当選2期の議員だったが、安倍氏が反主流派の清和《せいわ》政策研究会(現細田派)、菅氏が主流派の平成研究会(現竹下派)で、平成研究会の幹部である野中広務《のなかひろむ》が親中国・親北朝鮮路線をとっていたため、菅氏がこの議連に興味を示したとき安倍氏は「スパイか?」などと訝ったようである。

しかしながら菅氏の忠誠心は派閥《はばつ》そのものというより、政治の師と仰ぐ梶山静六にあり、梶山が金融機関の救済を巡り自民党首脳部と対立し、1998年7月に総裁選出馬を表明するとあっさりと師匠に付いていって派閥を離脱した。それにそもそも菅氏は左翼学生運動が最も盛んであった1970年代の法政大学を苦学して卒業した苦労人であり、その後自民党に参画した経緯を見ても、当初から派閥の親中国・北朝鮮の方針に反発を覚えていたように思われる。

いずれにしろこれによって平成研を出た菅氏は今度は宏池会《こうち》（現岸田派）に入会する。するとここでも自民党を揺るがす騒動がすぐに起きる。いわゆる「加藤の乱」である。若い読者諸君は知らないと思うので簡単にこの騒動を説明したい。2000年4月に発足した森喜朗内閣は何とも不気味な内閣だった。というのも成立の経緯がグレーなのだ。2000年4月2日に当時首相を務めていた小渕恵三は脳梗塞を発症し、順天堂大学医学部附属順天堂医院に緊急入院した。これを受け当時官房長官を務めていた青木《あおき》幹雄《みきお》氏は「何かあれば万事よろしく、との指示を受けた」と述べ首相臨時代理の任につき、4月5日に内閣総辞職した。そして、青木氏から禅譲《ぜんじょう》を受ける形で森喜朗氏が総理大臣に就任する。ところが小渕は入院した時点ですでに重篤でとてもコミュニケーションを取れる状態ではなく、青木氏の前述の発言は虚偽である可能性が高いとすぐに各所から指摘され、政権に対する国民の不信感が募った。

当時のことは私もよく覚えていて、当時浪人でノンポリの19歳の私ですら「なんだこの国の権力の腐ったありさまは」などと憤っていた（この年齢になってみると「青木氏の立場もわからないでもない」などと思っているのだが)。こうした国民の怒りを受けて2000年6月の選挙では自民党は大きく議席を減らし、鳩山由紀夫氏を代表とする新党民主党を中心とした野党は躍進する。みなさん信じられないかもしれませんが、鳩山由紀夫さんが国民の期待を背負っていた時代があったんですよ……。

と議論が逸《そ》れたが、ここで自民党の反主流派として立ち上がろうとしたのが宏池会トップの加藤紘一《かとうこういち》で、2000年11月に野党が森内閣不信任案を提出しようとすると盟友の近未来政治研究会(現石原派)会長の山崎拓《やまざきたく》氏と組んで、森喜朗氏を首相の座から引きずりおろそうとした。2年前に師と仰ぐ梶山が政治生命をかけて総裁選を戦って敗れたにもかかわらず、森氏が不透明、不公正な密室政治による禅譲で権力を手にしたことを許せなかった菅氏は、自民党からの離脱も覚悟して積極的にこの政争に参画する。なお2000年6月には梶山は闘病の末亡くなっており、それが菅氏を意固地《いこじ》にさせたのかもしれない。

世論はこの加藤の動きを支持したものの、幹事長の座にあった野中広務は「私の政治生命と命を懸けて許しておかない」と全力でこの動きを切り崩しにかかる。野中の切り崩しは巧妙で、小選挙区で民主党と競合する議員に「選挙の公認を剝奪《はくだつ》する、公明党・創価学会の支援も止める」と恫喝していった。結果加藤、山崎は野党の不信任案同調を取りやめ、加藤の乱は不発に終わった。当然加藤紘一は党内で失脚し、山崎拓も愛人スキャンダルを暴露されて失脚することになる。

こうして梯子を外された菅氏はしばらく党内で冷や飯を食うことになった。

ただ秋田県から一人で上京してここまで這い上がってきた根っからの「叩き上げ」である菅氏はこの程度の挫折で諦めるわけもなく、菅氏が復権のキーと目をつけたのが若き安倍晋三氏であった。

2001年4月に小泉政権が誕生すると清和会が主流派となり、期待の若手であった安倍氏は官房副長官、幹事長、官房長官と着々と出世コースを歩み出したが、これを裏で支えたのが菅氏だった。2003年9月に経済産業政務官に就任すると拉致問題対策をサポートするように「対北朝鮮経済制裁シミュレーションチーム」の座長になり、自民党若手議員とともに「対北朝鮮外交カードを考える会」を発足させ、万景峰号の入港禁止に向けて特定船舶の入港の禁止に関する特別措置法案や外為法改正案を議員立法として成立させた。また、総務副大臣に就任すると朝鮮総連関連施設に対する税制減免措置の実態を調査するなど卓越した行政手腕を発揮する。そして2006年9月の総裁選にあたっては早々に安倍氏の支援を打ち出し、中堅・若手のまとめ役に走り回り、めでたく安倍政権が誕生すると総務大臣に就任する。安倍氏を徹底してサポートすることで菅氏も復権に成功したわけである。

ただ安倍氏と菅氏の一蓮托生の関係は、登る時も一緒ならば降りる時もほぼ一緒だった。第一次安倍政権が短期に終わった後もしばらくの間菅氏は自民党の主流派の立場にあり、麻生太郎政権時には自民党選挙対策副委員長の座にあったが、2009年には、政権交代が起きた衆議院総選挙大敗の「A級戦犯」として不遇をかこつこととなる。

しかし菅氏はまだ諦めず、これまた再度復権する時も安倍氏と同じだった。

菅氏は失意の安倍氏と定期的に会合を設け、たびたび再度総裁選に挑むよう促していた。そして2012年8月15日の終戦記念日に菅氏は3時間にわたって総裁選出馬を迷っていた安倍氏を口説き、

「いつ出馬しても、あの辞め方は批判されるでしょう。今回の総裁選は、ただの野党の党首選ではありません。事実上、次の首相を決めるもので、マスコミも大きく報道します。政治家・安倍晋三を国民にもう一度見てもらう最高の舞台じゃないですか」

と言って総裁選出馬を決意させた。

その後第二次安倍政権における安倍首相と菅官房長官の二人三脚の関係についてはみな

さんが知る通りである。よく言われる「安倍なくして菅なし、菅なくして安倍なし」というのはこれまでの経歴を見る限り決して大袈裟な表現ではないように思える。

しかしこのような二人の関係がありながら、安倍首相は自身の後任を選ぶにあたって菅氏を指名せず岸田氏を選ぼうとした。両氏が何を一緒に目指してきて、何を一緒に目指せなくなったのか、その理由について考えてみよう。

菅義偉と安倍晋三の決裂　派閥政治をめぐって

安倍氏と菅氏は2000年代に入ってからずっと一蓮托生の関係を続けてきた。

しかし安倍氏は自身の後継を選ぶ自民党総裁選にあたっては必ずしも菅氏を支援せず、岸田《きしだ》文雄《ふみお》氏を後継に推そうとした。これはなぜなのだろうか。

その理由を考えるには菅氏と安倍氏が結びついた理由を検討する必要があるように思う。元々菅氏と安倍氏は一貫して自分たちの出世を阻む「派閥政治打破」を目的として共に行動してきた。しかしおそらくそれぞれの動機は違う。その微妙な違いが二人の蜜月《みつげつ》の関係に、少しばかりのひびを入れたのではないだろうか。

まずは菅氏の事情について詳しく見ていこう。菅氏がなぜ派閥政治打破にこだわってきたかというと、おそらくは師匠の梶山静六の政治家としての生き様が影響しているのだろう。菅氏の政治スタンスは梶山から強く影響を受けている。安倍氏と菅氏を結びつける要因となった北朝鮮問題も梶山の問題意識から来ている。梶山は1988年3月、国家公安委員長として国会において北朝鮮による日本人拉致を初めて公式に認めた閣僚である。その時の答弁は

「昭和53年以来の一連のアベック行方不明事犯、恐らくは北朝鮮による拉致の疑いが十分濃厚でございます。解明が大変困難ではございますけれども、事態の重大性にかんがみ、今後とも真相究明のために全力を尽くしていかなければならないと考えておりますし、本人はもちろんでございますが、御家族の皆さん方に深い御同情を申し上げる次第であります」

というものであったが、ここまで踏み込んだ答弁は官僚レベルで書けるものではなく、担当閣僚としての梶山の拉致問題に対する強い問題意識が感じられる。梶山はながらく武闘派議員として知られ、「竹下派七奉行」の一人として平成研究会、ひいては自民党の中で大きな影響力を持っていたが、トップに立とうという意思は強くない裏方的存在であった。

それが突如1997年後半から、金融機関の救済のあり方をめぐって「無条件で助けるのはモラルハザードだ」と表明するなど積極的に政権批判を展開するようになり、1998年7月に橋本龍太郎首相が退陣を表明すると、「死に場所を見つけた」と派閥からの離脱を表明し総裁選に立候補する。この時菅氏は「国のため党のため、断固出馬すべきです。先生以外にいません」「立たなきゃ評論家じゃないですが。政治家は評論家じゃありません」といって梶山の総裁選出馬を全面的に支援し、選対での事務局次長を担った。なお選対責任者はのちに盟友の一人となる麻生太郎氏である。

この総裁選は主流派の平成研から小渕恵三、非主流派の清和会から小泉純一郎、無派閥から梶山静六、という三名で争われたもので、派閥の支援がない梶山は初めから勝利は見込み薄で、梶山自身もこう言っていた。

「俺は勝てないよ。理由は三つある。一つ、総理総裁をめざして政治家をやってきたわけではないので敵が多い。二つ、梶山静六に梶山静六はいない。三つ、小泉は絶対に出馬する、そうすると票が割れる」

（松田賢弥『したたか　総理大臣・菅義偉の野望と人生』）

それでも梶山に対する支持は厚く、蓋を開けてみれば小渕が225票と圧倒的だったものの、小泉の84票を抜き、梶山は102票を獲得し大いに善戦した。なお菅氏は2013年に派閥についてこの総裁選に絡めて以下のように述べている。

「派閥について、私には明確な考え方があります。派閥というのは、そこの会長を総裁、大臣にするために動く政策集団です。九八年に平成研を飛び出したのは、会長の小渕さんではなく、派閥を抜けてでも総裁選に立候補した梶山さんの主張のほうが正しいと思ったから。会長と違う人を推す以上、自分も派閥を辞めるのは当然です」（同前掲書）

この1998年総裁選の構図は、安倍氏が総裁選に立候補する時の2012年の総裁選の構図と似ている。この時清和会会長である町村信孝《まちむらのぶたか》が出馬の意向を示していたため、当然安倍氏は清和会の首脳部から出馬を反対されたが、前述の通り菅氏は強く安倍氏の出馬を促した。なお所属派閥の支援が得られなかった安倍氏を支えたのはかつて梶山の総裁選を菅氏と共に戦った麻生太郎氏である。そういう意味では2012年の総裁選は菅氏にとって梶山の弔い合戦のような意味合いがあったのではないかと推察する。おそらく菅氏の中では「首相となる自民党総裁は派閥の論理ではなく、個人の資質で選ばれるべき」という強い信念があり、彼が過去に加藤の乱に参画したのもそういう思いがあったからなのだろう。梶山静六の亡霊が安倍−菅連携による安倍首相再登板を実現させたのである。

他方安倍氏の思想は菅氏と完全に一致しているかというと、少し様子が違う。

安倍氏が所属している清和会はそもそも安倍氏の父である安倍晋太郎《しんたろう》が会長を務めていたこともあり、安倍氏は一介の叩き上げ議員である菅氏とは違い、派閥のプリンスとして当初から派閥内で将来を嘱望される存在であった。ただ森首相が誕生するまでは清和会は非主流派であったし、また清和会は派閥内でも複数グループが主導権を争う複雑な派閥であったので、安倍氏は当選当初から自らの活躍のフィールドを広げるために派閥を超えた議員グループを形成するようになった。これは現在で言うところの小泉《こいずみ》進次郎《しんじろう》氏の動きに似ている。

単純な二分法は不適切かもしれないが、この安倍氏の動きを見るに、菅氏の派閥打破は実力主義の信念に則った行動であったのに対し、安倍氏の派閥打破はあくまで自身が権力を獲得するのに都合の良い手段という性格があったように思える。

安倍氏が権力を摑むまでは安倍氏と菅氏は同じ方向を向いていられたが、安倍氏が権力の座を降り後継者を指名するにあたっては両者の思想の違いが大きく出た。安倍氏としては自身の退陣は健康状態の悪化が主因の不本意なものであって、悲願の憲法改正は達成されていないままである。そのため首相の座を降りた後も権力を維持したい思いがあったのは想像に難くなく、退任にあたっては党から引き続き政府に影響力を行使できる立場を維持しようとしたと思われる。ただ安倍氏は長期政権を築き選挙に度々勝利した実績から自民党内において大きな影響力を持つものの、首相就任を機に清和会を離脱しているし、仮に復帰して清和会を掌握できたとしてもそれだけで自民党全体をコントロールすることは難しい。

そう考えた時に後継者の選択肢に上がるのが、他派閥ながら派閥の会長であり派閥の論理でコントロールできる宏池会の会長である岸田氏だった。安倍氏は清和会と麻生派と岸田派の三派閥連携のキーマンとなることで自民党内で絶大な影響力を行使するキングメーカーになることを考えたと思われる。まるで派閥の権化であった田中角栄《たなかかくえい》のように。

一方、菅氏にとって総裁はあくまで派閥の論理に捉われない国民に支持されるリーダーを選ぶプロセスである。菅氏は梶山を支えた1998年の総裁選を振り返って以下のように述べている。

「このときが自分の政治家としての原点ですよね。最後は自分で決める。党に守ってもらうことはもう考えなくなった」

このように権力は個人で戦って勝ち取るものと考える菅氏を派閥政治で裏からコントロールすることは困難であろう。実際菅氏は総裁選で「安倍路線の継承」と掲げつつも、彼なりのアップデートを図った。菅氏が総裁選でなにを語り、どのように勝利を勝ち取ったか、見ていくこととしたい。

菅・二階の連携による派閥打破

安倍氏が「派閥の論理」で総裁選に臨んだとすれば、菅氏は「選挙の論理」で総裁選に臨んだ。菅氏が総裁選に向けて力を入れたのは、党内で絶大な影響力を持つ幹事長の支持を射止めることと、党の顔を務める総裁としてのイメージ作りであった。一点ずつ見ていこう。自民党の選挙を仕切るのは幹事長だ。幹事長は事実上自民党の各地区の立候補者を最終的に決める公認権を有する。また党の財政も管理している。１９９４年に政党交付金が導入されて以降、党執行部の資金力が強まったこともあり、21世紀になってからは派閥の結束力は弱まり相対的に幹事長の力が強くなった。

菅氏はこうした権力の構図を当然よく理解しており、「派閥は崩せる」と考え、総裁選にあたって二階俊博《にかいとしひろ》幹事長の協力を得ることを重視した。また二階幹事長にとってもこれは同様だった。二階氏が事実上の会長を務める志帥会《しすいかい》は少数派閥であり、仮に清和会――宏池会（岸田派）――志公会《しこう》（麻生派）の同盟関係が構築されたら、党内での権力基盤は危うくなる。未だ引退の気はない二階氏にとっては、権力を維持するためには党内に大きな派閥の連携勢力ができることは望ましくないし、ましてや2019年に幹事長の座を争った岸田総裁の誕生はなんとしても阻止したい。そのため安倍首相が2020年8月28日の夜に退陣を表明すると、8月30日には二階氏は菅氏支持を表明した。これで勝利の手応えを摑んだ菅氏は「俺がやらざるを得ない。これで出なかったら、逃げたと言われちゃうよ」と述べたと言われている。

もちろん、党内の支持を集めるためには「選挙に勝てる」ためのイメージ作りも欠かせない。

1994年に小選挙区制が導入されて以降、各党トップの「党の顔」としての役割は強まった。各選挙区の候補者が地元財界と密接に結びつき、財界を集票組織として利用する代わりに利権を誘導していた中選挙区の時代と違って、現在ほとんどの有権者は各選挙区の候補者との直接的な関わりは薄く、当然その主張をつぶさに見ることもない。選挙に行く理由も投票に対する義務感によるところが大きい。有権者はよく知らない候補者の中からただ一人の投票対象を選ぶことになるので、その判断基準は、各党が掲げる重点政策と、党総裁の印象の良し悪しで決まりがちである。ましてや無党派層が多い都市部では尚更だ。そのため選挙にあたっては彼らが魅力を感じる重点政策と、彼らから共感を得るためのイメージ戦略が重要になってくる。この点小選挙区を導入する目的について1989年の「政治改革大綱」は以下のように述べている

「この制度（中選挙区制）における与野党の勢力も永年固定化し、政権交代の可能性を見出しにくくしている。こうした政治における緊張感の喪失は党内において派閥の公然化と派閥の資金の肥大化を誘い、議会において政策論議の不在と運営の硬直化を招くなど、国民の視点でなされるべき政党政治を本来の姿から遠ざけている。」

つまり小選挙区制自体が、派閥政治の脱却と政策論議の活発化、ひいては政権交代の可能性がある政治、を実現するために導入されたものと言える。

またもう一つ、総裁候補が選挙を戦えるかを示す別の要素として、与党として連立を組み、創価学会という大票田を持つ公明党と円滑な関係を築けるかどうか、という観点がある。この点菅氏は集団的自衛権の合憲化、消費税の軽減税率導入にあたっての交渉で、創価学会の佐藤浩副会長と信頼関係を構築していた。この二人の選挙面での協力は深く、38歳の鈴木《すずき》直道《なおみち》氏を全国最年少で勝利させた2019年の北海道知事選は菅氏と佐藤氏の合作と言われている。一方ライバルとされた岸田氏は新型コロナウイルス禍への経済対策として行われた一律10万円給付をめぐり公明党としこりを残していた。当初安倍首相と岸田政調会長は減収世帯への30万円給付を進めようとしたが、公明党山口代表は連立離脱までちらつかせてこれを拒否し、一律10万円給付を実現させたと言われている。

こうして菅氏は二階幹事長の支持と創価学会との太いパイプを基盤として総裁選に挑み、各派閥を切り崩していった。菅政権誕生後にその運用方針をめぐって度々議論の対象となる「GoTo トラベル事業」を菅氏が特別視しているのは、この事業が元は創価学会——公明党の肝入り政策で、自民党内では観光族トップで旅行業会会長を務める二階氏が全面的にバックアップする事業だからであろう。なおGoToトラベル事業を所管する国土交通省の大臣は長年公明党所属の議員が務めており、現在の赤羽《あかば》一嘉《かずよし》大臣もまた公明党の議員だ。また、自公連立政権での公明党の役割については「補論　ブレーキ役の与党としての公明党・山口那津男」（118ページ）で論じているので、参照いただきたい。

こうして総裁選を迎えた菅氏が総裁選で語ったのは秋田から集団就職で東京に上京してきた苦労話だった。以下引用する。

「私の原点について少しだけお話をさせていただきたいと思います。雪深い秋田の農家の長男として生まれ、地元で高校まで卒業いたしました。卒業後、すぐに農家を継ぐことに抵抗を感じ、就職のために東京に出てきました。町工場で働き始めましたが、すぐに厳しい現実に直面をし、紆余曲折を経て2年遅れで法政大学に進みました。いったんは民間企業に就職しましたが、世の中がおぼろげに見え始めたころに、もしかしたらこの国を動かしてるのは政治ではないか、そうした思いに至り、縁があって、横浜選出の国会議員、小此木彦三郎先生の事務所に秘書としてたどり着きました。26歳のときです。

秘書を11年勤めたころ、偶然にも横浜市議会議員選挙に挑戦する機会に恵まれました。

直前まで公認を得られない厳しい選挙戦でありましたけれども、38歳で当選をさせていただきました。地方政治に携わる中で、市民の皆さま方の声にお応えをしていくためには地方分権を進めなきゃならない。そうした思いで国政を目指し、47歳で当選をいたしました。

まさに地縁、血縁のないゼロからのスタートでありました。時を置いて、今私はここで自民党の総裁選挙に立候補し、皆さんを前に所見の演説をさせていただいております。五十数年前、上京した際に、今日の自分の姿とはまったく想像することもできませんでした。私のような普通の人間でも努力をすれば総理大臣を目指すことができる。まさにこれが日本の民主主義じゃないでしょうか」

総裁選を争う岸田、石破の両候補が二世議員なのに対して、菅氏が強調したのは「秋田の農家から上京し、町工場で働き苦学し、秘書から地方議員、国会議員と一つ一つ階段を登ってきた叩き上げである」という点だった。この演説は多くの国民の心に響いた。菅氏が庶民と同じ感覚を持っているかのように感じた人も多かっただろう。特に地方からの支持を反映する都道府県連票において89票を獲得し、有利とされた石破《いしば》茂《しげる》氏の42票に大差をつけたことは、石破氏の落日を鮮明にした。

ただこうした立身出世のストーリーは国民の心に響いたものの、菅氏が語った政策はその「現場視点」「叩き上げ視点」の限界を示していたとも言える。そのことについて次は見ていきたい。

菅首相のビジョンなき実務主義　庶民感覚による「当たり前デバッガー」

菅首相が自民党総裁選の演説会で、政策面で何を語ったのか順を追って見ていこう。

「世の中には国民の感覚から大きくかけ離れたものが数多く、当たり前でないことが残っております。例えば赤坂の迎賓館。私は総務大臣になって初めて素晴らしい施設に入ったときに、田舎の両親に見させてやりたい、こう思いました。しかし当時は年間で10日間しか開放しておりませんでした。迎賓館は国民の財産です。官房長官になってすぐに、公務で使っていない期間は国民に開放するように指示をしました。現在では年間270日以上開放されています。京都の迎賓館も同じように開放をいたしました」

菅首相が実績や重点政策を語る時の構文はかなり形式化されているが、このスピーチは総裁選の実績アピールの冒頭に持ってきただけあって典型的な「菅構文」になっている。具体的には菅首相が実績、政策をアピールする時の構文は以下のようなものが多い。

❶世の中には○○という「国民の感覚からしておかしな制度」がある。
❷この制度は本来○○のようにあるべきだ。
❸だから私が指示をして（抵抗を押し切って）制度を変えた。

非常にシンプルである。この例の場合

❶赤坂の迎賓館《げいひんかん》は年間10日しか開放していない。
❷しかし迎賓館は国民の財産であり、もっと国民が楽しめるようにすべきだ。
❸だから官房長官になってすぐに指示して270日間以上開放されるようにした。

ということになる。こうした構文は菅首相自体が「国民の感覚」を持っていることを前提としている。そのために菅首相はスピーチを「秋田の農家から叩き上げで首相まで上り詰めた」という庶民感覚アピールから始めたのだと思われる。以後は今後の政策アピールになるが同じような構文が続く。

「そして災害対策のダムの活用です。台風が来る前に事前放流ができるダムは国交省が所管するダムだけでした。ところが同じダムでありながら、経産省が所管する発電用ダムや農林省が所管する農業用のダムは、この事前放流を行うことができませんでした。省庁の縦割りが原因だったんです。その見直しを行うことで全国のダムの事前放流をできるようにしました。その量はなんと従来の約2倍です。今回の台風10号でも九州を中心に75カ所のダムで事前放流を行って、下流の水位を下げることができました」

この例の場合は

❶台風が来る前に事前放流できるダムは国交省の所管するダムだけだった。

❷しかし経産省や農水省も発電用、農業用のダムを持っている。これらのダムも災害対策に利用すべきだ。

❸だから私が指示をして縦割りを排除してどのダムも事前放流をできるようにした。

ということになる。続きを見よう。

「さらに例を挙げるならば、高過ぎる携帯料金、電話の料金です。公共の電波の提供を受けているにもかかわらず、大手3社は市場で9割の寡占状態を維持し、20%もの営業利益を上げ続けています。このような事業者の既得権益を取り払い、競争がしっかり働くようにさらに改革を徹底したいと思います。現場の声に耳を傾け、何が当たり前なのか、見極めて判断をし、そして大胆に実行する。私の信念は今後も揺らぎません」

これは有名な携帯電話料金引き下げの話だが、この例の場合は

❶日本の携帯電話料金は公共の電波の提供を受けているにも拘らず大手三社は寡占状態で高い利益を上げている。

❷本来は競争がしっかり働く環境を作るべきだ（そして携帯料金はもっと安くなるべきだ）。

❸だから私はこれから既得権益を取り払い、制度改革を進めていく。

ということになる。実際菅首相が就任して以来大手キャリア3社は料金メニューを見直し、矢継ぎ早に低料金プランを打ち出すことになった。このように菅首相は既存の制度の「おかしなところ」を見つけて「当たり前」にするという点においては、無類の力を発揮する。これを日本維新の会所属の音喜多駿《おときたしゅん》議員などは、プログラムのバグを見つけるエンジニアに例えて「一流のデバッガー」と呼んでいるのだが、言い得て妙だと思う。

他方で菅氏は「自分の大きなビジョンを具体化して改革を進める」というようなビジョンドリブン、トップダウン型の政策立案については語るところが乏しいと言わざるを得ない。まず菅首相が「やりたいこと」についてだが以下のように語っている。

「私の中には横浜市会議員時代も、国会議員になってからも地方を大切にしたい、日本の全ての地方を元気にしたいという気持ちが脈々と流れております。この気持ちを原点として政策を実行してまいりました」

このように菅首相が語る「やりたいこと」は「地方を大切にしたい、元気にしたい」という「気持ち」や「思い」にとどまっており、それを具体的に実現する大きな社会像、ビジョンというものがない。当然出てくる政策も単発になり、いつも上がる例が「ふるさと納税」である。

「第1次安倍政権では当選4回で総務大臣に就任いたしました。地方から都会に出てきた人たちの多くは生まれ育ったふるさとになんらかの形で貢献をしたい、ふるさとと絆を保ち続けたい。そう思っているに違いないと考えて、自ら自分の中に温めておりましたふるさと納税を、官僚の大反対を押し切って成立させました。今では多くの国民の皆さまにご利用いただいております」

ここで語る菅首相の独自政策の立案スタンスは自らの経験をベースとした単発の思いつきの域を出ず、再現性がない。確かにふるさと納税は国民に広く使われる制度になったが、かつて小泉純一郎氏が語ったような、政府全体の政策のあり方を刷新するムーブメントを起こしうる哲学がない。続く言葉も菅首相の単発デバッガー志向がよく読みとれるものである。

「官房長官として力強く進めてきた外国人観光客、いわゆるインバウンドや農産品の技術の促進、さらには最低賃金の全国的な引き上げなども、地方を活性化したい、その思いからであります。今後もこれらの取り組みを強化し、頑張る地方を応援するとともに、被災地の復興を支援してまいります」

本人も語るように個人的な「地方を活性化したいという思い」に基づく個別の政策の羅列にとどまっており、「地方活性化を実現する経済ビジョン」というものがやはり示されていない。菅首相が独自のブレーンを大切にする背景というものもおそらくここにある。菅首相は、「日本を○○という国にしたい／すべきだ」という大きなビジョンに基づいて政策をトップダウンで考えないがゆえに、「実現すべき政策」を外からインプットしてもらう必要があるのだ。

他方インプットされた後の政策の実現力は超一流であり、この乏しい政策立案能力と卓越した政策実現力が良くも悪くも菅首相の政治スタイルの特徴で、それがスピーチにも色濃く出ている。そういう意味ではビジョン先行の安倍氏と実務的な菅氏のコンビは、絶妙の組み合わせであったように思える。一応演説の最後には菅氏は自らの目指す社会というものを以下のように言葉少なに述べているのが、これもまた大変菅氏らしい。

「私が目指す社会像というのは、まずは「自助・共助・公助、そして絆」であると考えております。自分でできることはまず自分でやってみる。そして家族、地域でお互いに助け合う。その上で、政府が責任を持って対応する。そうした国民の皆さまから信頼される政府を目指したいと思っています」

ここで語られた言葉は菅首相のオリジナル色というものはなく、社会保障や防災における教科書的な内容である（実際、このような内容は小学校の教科書で確認できる）。それでも菅首相がこうしたことを言うと特別な意味が出る。それは秋田から一人で上京して、東京で同郷の仲間と支え合い町工場で働きながら苦学し、それでも社会の壁にぶつかり農家になる運命を脱するには社会の仕組みを変えるしかないと政治を志し、大学という準公的機関の力を借りてなんとか小此木彦三郎の元にたどり着き、その後幾多の政治的闘争を経て首相にまで上り詰める、そういう菅首相自身の人生を体現しているからであろう。

それは確かに我々の心を打つ強力な個人の「原体験」であるが、普遍的な価値観ではなく、個人の「原体験」に根差した政治の限界があるのもまた事実であろう。

菅首相の政策方針　安倍政権からの「やってる感」の継承と国民目線

前項では菅首相の政策から独自色のある部分を見ていったが、ここからは安倍政権から継承する点や、新型コロナ対策について菅首相がどのように語ったかを見ていきたい。

「私たちが8年前に政権を奪還して以来、安倍政権の中で一貫で取り組んできたのが経済の再生です。金融緩和、財政出動、成長戦略を柱とするアベノミクスは今後も継承し、さらなる改革を進めてまいります。政権発足前は1ドルが70円台、株価は8000円台、企業が経済活動を行うのが極めて厳しい状況でありました。現在はこの新型コロナウイルス感染症の中にあっても、マーケットは安定した動きを見せております。安倍政権発足以来、人口減少の中で就業者数は400万人以上増えました。そして下落し続けてきた地方の地価は27年ぶりに上昇に転じました。バブル崩壊後、最高の経済状態を実現したところで新型コロナウイルスが発生しました。まずはこの危機を乗り越えた上で、新型コロナウイルスによって明らかになったデジタル化やサプライチェーンなど新たな目標について集中的な改革、必要な投資を行い、再び力強く経済成長を実現したいと思っております」

まずは安倍政権の経済政策、いわゆるアベノミクスに関する成果を述べているが、このスピーチは「(改革を)やってる感政治」というものを数値的によく示している。繰り返しになるが安倍政権下において日本経済はそれほど成長したわけではない。具体的にGDP成長率を見てみると、

2013年：2・00％
2014年：0・38％
2015年：1・22％
2016年：0・52％
2017年：2・17％
2018年：0・28％

2019年：0・67％

という具合で顕著な成果が出たとは言いがたい。したがって、菅首相がアベノミクスの成果として語っているのは、株価、就業者数、地方の地価、など経済の副次的な指標で、これにより経済政策として成功している「感じ」を演出している。そして今後については何をするかを明示せずに「新型コロナウイルスによって明らかになったデジタル化やサプライチェーンなど新たな目標について集中的な改革、必要な投資を行い、再び力強く経済成長を実現したいと思っております」と漠然と改革志向をアピールし、過去に達成できなかった「力強い経済成長」を目指すことを述べている。これは「大きなビジョンなきタスクベースの改革」という安倍政権——特に後期——の経済政策の継承を明らかにしたものと言えよう。

「外交および安全保障の分野についてはわが国を取り巻く環境がいっそう厳しくなる中、機能する日米同盟を基軸とした政策を展開してまいります。国益を守り抜く。そのために自由で開かれたインド太平洋を戦略的に推進するとともに、中国をはじめとする近隣国とその安定的な関係を構築いたします。
戦後外交の総決算を目指し、特に拉致問題の解決に向けた取り組みに全力を傾けてまいります。弾道ミサイルなどの安全保障上の脅威、自然災害、海外に在住する日本国民へのテロの危険。これらのさまざまな緊急事態や危機に際し、迅速かつ的確に対処してまいります」

菅首相が苦手とされる外交、安全保障政策については、「自由で開かれたインド太平洋」「戦後外交の総決算」「拉致問題の解決」などより色濃く安倍政権の政策を継承する色が出ている。発足した菅内閣においては、防衛大臣を安倍首相の実弟である岸信夫《きしのぶお》氏が務めており、このことからも当面は安倍前首相が閣外から影響を及ぼし続けると思われる。

「環境対策。脱炭素化社会の実現、エネルギーの安定供給にも取り組んでまいります。憲法改正は自民党立党以来の党是であります。私たち自民党はすでに4項目のたたき台を提示しております。引き続き憲法審査会において各党がそれぞれの考え方を示した上で、与野党の枠を越えて建設的な議論を行っていくべきだと考えます。しっかり挑戦していきたいと思います」

環境対策、憲法改正についてはさらりと触れるに留められた。その後の進展について若干補足すると、菅政権は予想以上に温室効果ガスの排出量削減に本格的に取り組む意向を示している。これはなぜなのかを考えると、おそらくは安倍政権を通じて先送りを続けてきた原子力政策、具体的には使用済み核燃料を再び原発の燃料として用いる「核燃料サイクル」や福島第一原発のタンクに莫大に溜められた「処理水の海洋放出」といった問題がこれ以上先送りできなくなったためと、次章で後述する地元の事情が関係していると思われる。いずれにしろ他の分野も含め安倍政権がやらなかった、やりきれなかった宿題をこなしていくということであろう。憲法改正についても同様だ。憲法改正案を審議する憲法審査会は長らく一部野党の反発、サボタージュで事実上の休眠状態にあり一向に審議が進まなかった案件であり、安倍政権から託された宿題と言える。

「私たちはまず新型コロナウイルスへの対応のためにあらゆる英知を結集します。その上で、新型コロナウイルス下で浮き上がったのはデジタル化の必要性であります。ようやく解禁されたオンライン診療は今後も続けていく必要があると考えます。子供たちの教育のために、G

IGAスクールも強力に進めます。行政のデジタル化についてはマイナンバーカード、不可欠にもかかわらず普及が進んでおりませんでした。だからこそ、できることから前倒し措置をします。複数の役所に分かれている政策を強力に進める体制としてデジタル庁を新設いたしたいと思います」

続いて新型コロナ対策であるが、こちらについては行政のデジタル化と結び付けての議論がなされ「デジタル庁の新設」という提案がなされている。この背景には菅氏が霞ヶ関において地盤としているのが総務省という事情がある。先に挙げた携帯電話料金の引き下げ政策もそうした背景から生まれたものだ。なおデジタル庁の提案自体は菅首相の総務副大臣時代の上司である竹中平蔵氏の発案と言われている。新型コロナウイルス対策に関しても、独自政策を考えるとマイナンバーや国、地方自治体デジタル化の推進という総務省の領域にたどり着くのは必然であろう。続きを見よう。

「また長年の課題である少子化対策です。昨年から幼稚園、保育園、大学、専門学校の無償化を進めています。今後、保育サービスを拡充し、長年の待機児童問題に終止符を打ちたいと思っております。さらに、出産を希望する世帯を広く支援するために不妊治療への保険適用を実現いたします。安心して子供を産み育てる社会、女性が健康で活躍することの環境を整備してまいります」

続いて唐突に少子化対策が重点課題として出てくる。少子化対策は公明党および同党の山口那津男《やまぐちなつお》代表が最重点課題とするテーマだ。不妊治療の拡大は公明党が長年求めてきた課題であるし、保育の無償化、保育サービスの拡充および質の向上、高等教育の無償化なども公明党が強く求め安倍政権下で少しずつ実現してきたことである。また女性の社会参画についても同党は重点政策として掲げており、この項目は公明党に対するメッセージとして建てられたと理解すべきであろう。

このように全般的に菅氏が総裁選で語った行政の重要課題に対するスピーチは、安倍政権の経済問題への姿勢の継承、やり残した課題の処理、霞ヶ関の統治、公明党へのメッセージという意味で各所への漏れのない配慮がみられる。インプットされた情報から実行すべき政策を選択する目、政策を実行する手腕、また政策を実行する仕組みを作る組織統治力、という意味では菅首相は一流である。

私にはこうした菅首相の「政治的立場」を意識して語る言葉がどこまでも乾いているように見えてしまうのだが、それでもやはり菅首相には菅首相の哲学がある。それが語られたのが最後の言葉である。

「目の前に続く道は決して平坦ではありません。しかし私が自民党の総裁になった暁には、行政の縦割りを打破し、既得権益を取り払い、あしき前例主義を廃し、規制改革を全力で進める、国民のために働く内閣をつくりたいと思います。皆さまのご理解とご協力を心からお願い申し上げます」

このように菅氏は総裁選の最後の言葉をビジョンではなく「行政の縦割りを打破し、既得権益を取り払い、あしき前例主義を廃し、規制改革を全力で進める、国民のために働く内閣をつくりたいと思います」という政策実現の手法で締めた。いかにも実務家の菅首相らしい締め方ではあるが、良くも悪くもそれが「国民のため」になると確信できる無邪気さが菅首相にはある。それは菅首相自身が「叩き上げでここまで上り詰めた自分は、首相となった今でも未だ一国民としての感覚を失っていない」という自覚から来ているように思われる。より端的に言えば菅首相は自分にとっての当たり前が庶民にとっても当たり前と信じている。

それがゆえに実のところ庶民からかけ離れたエリートの集まりであるマスコミの会見では新聞記者の質問を

- 「仮説には答えられない」
- 「(質問の意図に関わらず)いずれにしろ政府の立場は○○である」
- 「(疑惑の追及に対して)詳細は承知していない。すでに述べた通りである」
- 「セキュリティに関わるので答えられない」

と受け流し続ける。おそらく「君たちエリートには本当の庶民の目線はわからないのだよ」というように冷めた目で見ているのだろう。

望月衣塑子と菅首相　国民目線を自任するがゆえの反目

菅首相の官房長官時代の記者会見における記者とのやりとりというと、東京新聞の望月《もちづき》衣塑子《いそこ》氏を思い浮かべる人も多いと思う。菅政権とメディアとの関係を考える上で、二人の関係は一つのモデルケースとなりうるのでこの章の最後に取り上げておこうと思う。

望月衣塑子氏がその名を広く知られるようになったきっかけは、2017年6月8日の官房長官記者会見における菅氏とのやりとりだった。通常官房長官と記者とのやりとりは2、3回の往復で終わるが、このとき望月氏は40分の時間をかけて執拗に23回の質問を繰り返した。望月氏の特徴は「政治動向を調査、報道する政治部ではなく、事件や社会問題を扱う社会部所属の記者である」というところにあり、その特性上「しぶとく調査を続けて社会の闇を暴く」というスタイルの取材活動をとり続けている。彼女が業界内で名をあげたのも、2004年の日本歯科医師連盟のヤミ献金事件に関するスクープだった。

通常こうした社会部の記者が官邸の記者クラブに足繁く通うようなことはあまりないのだが、彼女が官邸の記者クラブに張り付くようになったのは、ここで詳細を語るのは避けるが、「官邸と関係が深いジャーナリストによる性暴力の事件化を、官邸が圧力をかけて握り潰したのではないか」という疑惑に対する調査がきっかけだった。そして望月氏はある意味、掟破りをして政治部中心の会見の場に社会部の事件報道のスタイルを持ち込んだことで、それを時に苛立《いらだ》ちながらも淡々と受け流し続ける菅官房長官とのやりとりを含めて注目を浴びるようになった。彼女は著書において政治部と社会部の違いを以下のように述べている。

「社会部は、ただ徹底的に権力を疑う一方で、正義のためにやっているとか、弱い人の声を汲み上げるためにやっているという意識もある。だから私は、政治部の記者を見ていると、この人たちは何のためにやっているのかなと思うことがあります。社会部記者の私のように、ストレートな社会や政治への問題意識でやっていたら、政治部記者は務まらないでしょう。表向きと内心を使い分けないと政治家は受け入れてくれないでしょうし、記者自身も仕事ができない。でも、政治家の懐に入って引き出したネタを、政治家を裏切るかたちで市民のために書き切れるのか、という疑念もある」

（望月衣塑子・佐高信『なぜ日本のジャーナリズムは崩壊したのか』）

望月氏と菅氏は水と油のような存在である。それはお互いがそれぞれ自分を「国民の代表として政治を正す存在だ」と思っているからである。菅首相についてはこれまで散々語ったところなので省略するが、望月氏は「権力は悪であり、国民の目線からマスコミがその悪を暴き、心ある官僚がそのマスコミに協力する」というようなかなり古典的なマスコミ像、政治家像、官僚像を持っている。望月氏はコロナ禍対応に関連させて、以下のように安倍首相、菅官房長官、官邸官僚を評している。

「本当に自分たちにとっての金目のことと、都合のいいことだけ考えている。この人たちは誰のためにどこを向いて発声し、行動しているのかなと思うと、税金を払っている私たち一市民の命と生活が根本から脅かされているこの非常事態でさえ、本来は国民のため市民のためというかたちで政治家になっていながら、彼らはぜんぜん違うところに目が行っているんだな、と。だから一部の官邸政治家・官邸官僚たちの存在自体が、ものすごく利権にまみれた感じがしてしまいますね」

この言葉から、

❶望月氏は自分のことを「一市民」の代表と自任している
❷望月氏は官邸の政治家について「国民のため市民のためという形で政治家になっていながら、彼らは全然違うこと――金目のこと（＝経済）と、都合の良いこと（＝政局）――を

考えている」と認識している

❸望月氏はこうした認識のため、一部の官邸政治家・官邸官僚たちの存在自体が、ものすごく利権にまみれた感じがしてしまう

ということがわかる。さらに端的にまとめると「無垢の一市民たる私の立場から見れば新型コロナウイルスという脅威を目の当たりにしながら、経済のことを重視する政治家及びその周辺にいる官僚は利権に塗《まみ》れているように見える」ということなのだが、個人的にはさすがにこうした認識は時代劇のようで物事を単純に見すぎているように思う。

冷静に見ればSNSがここまで発達してそれこそ「一市民」の多様な生の声が見えるようになった時代にマスコミの一記者が大衆の代弁者を自任することは無理があるし、そもそも、それぞれの人間が組織内で置かれている立場を理解しようとせずに自分の善悪の基準に照らして全人格を否定するのは潔癖主義がすぎる。SNSが登場する前には望月氏のような「我はマスコミ、大衆に代わって悪しき政治家を斬る！」というようなある意味での「正義感」は必要だったのかもしれないが、現代になってもそれを語っているのは、騎士の時代の終わりについていけなかったドン・キホーテのようだ。

もはや総理大臣にまで上り詰めておきながら「国民にとっての当たり前」の感覚を保持し続けていると考えている菅首相の自己認識もいかがなものかと思うが、同じくらい望月氏の自己認識も世間からずれている。そんなずれた二人がやりとりするものだから反目し合うのも当然だ。

ただ私自身もそういう望月氏を笑えない。

先に挙げた著作で望月氏は一世代上のリベラルの旗手であった佐高信《さたかまこと》氏と対談しているのだが、その中で彼らが理想の官僚として挙げているのが元通商産業省次官で小説『官僚たちの夏』の主人公のモデルとなった佐橋滋《さはししげる》だ。

中選挙区制時代の政治家は票や金を目当てに、露骨に利権誘導をするようなことが多々あったのだが、佐橋は度々そうした政治家に逆らって筋を通したことで有名だった。この本で佐高氏が挙げている例は以下のようなものである。

佐高
「通産大臣が高碕達之助のとき、高碕という人は日中貿易に尽力して日中国交回復の先鞭をつけるんだけど、東洋製罐という会社の会長だった。ここは製缶業である種、独占だった。それで、別の製缶会社が作られようとするわけ。新日鉄関係だったんだけど、大臣独占の会社だから、次官をはじめみんなが「とんでもない」と言うわけです。ところがそのとき企業局次長だった佐橋は許可すると言うんだよ。競争はあったほうがいい、と。周りから必死に止められると、
『それなら俺の首を切れ。俺は記者会見をして、どういう理由で首を切られたかを話す』と。そうしたらさすがに次官が大臣の高碕のところに駆け込んで、とんでもないことになるからと言って認可されるんです。ここで佐橋が取った、最終判定を世論に託すという態度ね。それはすごく大事だと思う。その覚悟があるから佐橋滋は大胆に自分を貫けた」

望月
「やはり世論と公明正大に結びつくと言うのは民主主義の基本なんですね」

私はこのやりとりを聞くとなんともやるせない気持ちになる。

なぜなら私はそれこそ佐橋滋に憧れて経済産業省に入り、入省して何か迷うたびに彼の自伝『異色官僚』を読みながら「佐橋だったらどうするだろう」と考えていたからだ。佐橋は通産省の事務次官でありながら公然と「自衛隊違憲論」を唱え、立場で言うことを変えない、まさに「東大話法」の対極にあるような人物であった。実際彼は著書で以下のように述べている

「立場が変われば言うこともやることも変わってくる、ということがよくいわれる。僕にはこのことがわからない。立場が変わってもその人間は同じなんだ、いうこともやることも同じでなければならない。立場はしばしば変わりうるが、人間はそんなに変わりうるものではないと思うのだが、実際には人間が変わったようになるのが多いのはいったいどういうことなのだろう」

（佐橋滋『異色官僚』）

私はこの言葉を読んだ時猛烈に感動し「自分もこういう官僚になろう」と思った。ただ時が過ぎていく中で、佐橋のような「国士無双」型の官僚がもう主流にはなりようがない

ことに少しずつ気づいていった。佐橋のような官僚が世の中に必要とされたのは中選挙区制という歪みがあったからで、近年、政党交付金と小選挙区制の導入により利権誘導的な派閥政治が概ね解消されるとともに、官僚は民意によって選ばれた政治家に服従する存在に変わっていった。元文科省次官の前川喜平《まえかわきへい》氏が「面従腹背《めんじゅうふくはい》」といったのは、佐橋滋との対比でわかりやすい。佐橋の時代は官僚の人事は各省庁ごとで決まっており、自分がおかしいと思う政治判断に逆らって一時的に失脚しても、結果としてその判断が国益にかなっていると判断されれば再起のチャンスを与えられた。

今同じことをしたら官邸から目をつけられて、左遷されてしまうだけである。

厚生労働省に実力、人望を兼ね備え、常に自己の信念にしたがって政治家にも歯に衣《きぬ》を着せない物言いをする香取照幸《かとりてるゆき》氏という官僚がいた。権勢絶頂の小泉首相に対してですら臆《おく》せず正論をぶつけたと言われ、「ミスター年金」「介護保険の鉄人」などの異名を誇り霞ヶ関で信望を集める存在で、香取氏は誰しもが厚労省のトップになると思っていた。しかし安倍政権下で塩崎厚労大臣と対立すると、後日香取氏の主張が正しいとされたにもかかわらず、官邸の方針で厚労省退職を余儀なくされ、あえなくアゼルバイジャン大使に飛ばされることとなった。私の友人の一人はそれを見て「心が折れた」といって厚生労働省の退職を決意した。

　私もまたそういう時代の変化についていけず、経済産業省を離れた身であるのだが、望月氏はこうした時代の変化に気づけていないのかもしれない。いずれにしろ今の霞ヶ関を仕切るのは官僚ではなく、国民に選ばれた政治家たちで、内心何を思おうがそれに面従腹背せざるを得ない。もしくはそういう人のみが出世するのが、官僚人事の現実である。そんな現実を作ってきたのがまさに菅氏であり、未だ昔の夢の世界に生きている望月氏と対立するのは必然であったのだろう。私自身それに異論を挟もうとは思わないが、多少寂しく思っている。この本を今こうして書いているのは私なりの多少の抵抗なのかもしれない。

補論　与党のブレーキ役としての公明党・山口那津男

ここで一度21世紀政治を語るにあたって欠かせない公明党について触れておこうと思う。

自民党と公明党の連携が始まったのは1999年10月のことだった。

当時は自民党単独政権であったが、1998年7月の参議院選挙で大敗して改選議席を60から44に大きく減らし、政権運営は非常に不安定なものとなっていた。他方で野党側も1997年に新進党という野党共闘の大きな塊が崩壊したことで分裂しており、ここに政界再編の余地が生じた。

この政界再編を仕掛けたのは自民党幹事長の野中広務で、野中が公明党の神崎武法《かんざきたけのり》代表らにこの連立話を持ちかけたときに公明党側は、「党内で反発が多いのでまずは小沢一郎氏が率いる自由党との話をまとめてほしい」と返した。というのも、自民党は新進党結党以来、小沢氏の選挙活動を支える公明党を苛烈に攻撃していたからだ。そこでまずは野中広務が小沢氏との間で話をまとめ1998年11月に自民党と自由党の連立が成立した。かねてから小沢氏嫌いで知られた野中だが、このとき野中は「小沢さんに平伏してでも協力をお願いしたい」と言ってこの連立を実現したとされ、流石の政治手腕を感じさせる。

これにより舞台が整ったことで1999年10月に自民党、自由党、公明党の連立、いわゆる「自自公」政権が誕生したわけだが、野中がここまでして自公連立を達成させたかったのは、なんとしてもバブル景気の残した不良債権問題に解決の道筋をつけ、金融危機を防止したかったからと言われている。政策と政局は裏表といったところであろうか。後に用済みとなった自由党ごと小沢一郎氏を追放する手筈も含めて野中の手腕は見事と言えば見事である。いずれにしろ公明党を政権の座につかせたのは、小選挙区制度という、野党共闘に強いインセンティブを与える選挙制度によるところが大きいといえよう。

なお菅首相はかつて「第二の野中広務さんのような政治家になりたい」と語ったと言われている（松田賢弥『したたか 総理大臣・菅義偉の野望と人生』）。菅首相にとっては表の師匠が梶山静六で裏の師匠が野中広務といったようなところなのだろう。

さてこうして自公連立が政権成立するなかで、裏で煮え湯を飲んでいた政治家がいる。それが現公明党代表の山口那津男氏だ。1952年の生まれの山口が弁護士生活を経て選挙に初めて出馬したのは37歳、1990年2月のことだった。その後1993年8月の選挙でも再選し順風満帆のように思われたが、1996年10月の選挙では自民党からの徹底的な創価学会、公明党バッシングが原因で平沢勝栄《ひらさわかつえい》氏に敗れ落選する。そして2000年6月の選挙では自公連立政権下であるにもかかわらず選挙区調整がつかず、平沢氏と再戦することとなり、この時も惜敗する。公明党公認候補で自民党公認候補と2度戦ったのは山口氏だけである。

それでも政治家としての道を諦めなかった山口氏はようやく2001年7月の参議院選挙で当選を果たし5年ぶりに国政の場に復帰し、以後公明党内で重責をつとめ、2009年には早くも公明党代表に就任する。以後党代表としては無投票3選で、公明党議員に通常適用される69歳定年制の例外ともなっており、絶対的存在になりつつある。

公明党は良くも悪くも母体である創価学会との関係が強く、自民党よりもフラットな党内組織となっている。公明党の詳細な人事－意思決定システムは明らかになっていないが、選挙を創価学会が主体となって仕切り、表で政治を司るのが公明党の議員というように機能が分かれているので、自民党総裁のような行政にも選挙運動にも力を持つ強力な存在がいないことが大きいのだろう。代わりに池田《いけだ》大作《だいさく》氏という他を超越した絶対的な存在がいるわけだが、これもまた、その存在が逆に安定した秩序階級を生み出すことにつながっているのだろう。結果として公明党は地方からボトムアップで政策を押し上げる結束力の強い組織になっている。この点山口氏は「ネットワークの力が他の政党にはない公明党だけの強み」とし、以下のように述べている。

「国会議員だけいても政策は成立しません。やはり、都道府県から市区町村まで、そこにいる地方議員たちが相互にコミュニケーションをはかりながら進めることで、初めて立体的な政策づくりができるのです。そのためには、国民の声に敏感でなければなりません。現実を大事にしなければなりませんし、さらに、リアルな声を聞いて、それを形にするための実力を備える必要もあります」

（田原総一朗・山口那津男『公明党に問うこの国のゆくえ』）

いささか綺麗事が過ぎる気もするが、いうことはもっともで公明党には山口氏のこうした主張を裏付ける活動として「総点検運動」がある。これはシンプルに「すべての課題を現場で洗いざらい調べよう」というもので、創価学会のネットワークを通じて在日米軍、税制、住宅、公害、あらゆる問題が徹底的に調査される。沖縄の基地問題を調べるときは漁船を借りきって明け方の暗いうちに基地のある沖合までそっと近づき伺うという徹底ぶりだ。21世紀になってトップダウン、ビジョンドリブンになった自民党を、公明党がボトムアップ、現場主導で支えるという好連携がとられてきた。

公明党はよく「自民党のブレーキ役」とも言われ、憲法改正や財政健全化を目指した社会保障の見直しなどの際には、世論を見ながら自民党の急進的政策を押しとどめる役割を果たしてきた。例えば集団的自衛権の合憲化の議論について山口氏は

「公明党はフルスペックの集団的自衛権を決して許してはいけない。何があってもこれに歯止めをかけなければならないという立場で、断固として反対し続けました」

と述べている。見事なブレーキぶりである。

他方実現した政策は女性専用車両の実現、児童手当の制度化、など手堅い。最近で言えばコロナ禍における国民一律10万円給付は公明党が実現したものだ。政府としては減収世帯への30万円給付で固まり閣議決定までしていたところを、山口氏が安倍首相とのトップ会談で強く迫り覆した。前述の通り「GoTo トラベル」も公明党が強く推した政策である。

このように公明党は連立政権において政策を主導する立場ではないが、重点政策を推し進める力を持ち、また、政権のブレーキ役を果たす力を持っている。公明党は党として「長期的な脱原発」「平和憲法の維持」を強く掲げており、また「福祉の党」を自任している。現在の選挙構造が変わらない限り、今後ともこうした点で良くも悪くも自民党政権の枷《かせ》となり続ける存在であると考えられる。

第3章

東大話法とやってる感政治の完成

第1章では21世紀に入ってから今に至るまでの日本の政治を、特に歴代首相のビジョンと行政の仕組みの変化に焦点を当てて、第2章では菅義偉氏が首相になるまでの過程を、特に菅氏の人生と与党の仕組みに焦点を当てて見てきた。

第3章ではここまでの話を踏まえて、菅氏が首相就任以降にしてきたこと、語ってきたことを分析していきたい。

まずは本書執筆の2021年2月までの時点で、菅首相が取り組みメディアで話題となったことと、政権の支持率と不支持率、与野党の支持率と無党派層の比率の推移を見ていきたい。

図4　菅政権の主な政策と政権・政党支持率

日付	主な出来事・政権と政党の支持率
9月16日	菅政権発足
（9月21〜22日）	政権支持率：62・4%、不支持率：12・8%。政党支持率は自民党：40・8%、公明党：3・0%、無党派：40・0%、野党第一党（立憲民主党）：6・2%
9月28日	日本学術会議の会員候補の一部を任命拒否。いわゆる学術会議問題の始まり

（10月9〜11日）	政権支持率：55・1％、不支持率：19・5％。政党支持率は自民党：37・0％、公明党：3・2％、無党派：40・3％、野党第一党（立憲民主党）：5・8％
10月16日	中央官庁の行政手続きにおける押印99％以上廃止を打ち出す
10月26日	臨時国会の所信表明にて2050年までに温室効果ガスの排出をゼロとする「脱炭素社会の実現」を目指すことを表明
11月5日	新型コロナウイルス感染者増加の兆し（1049人）
（11月6〜8日）	政権支持率：55・6％、不支持率：19・0％。政党支持率は自民党：36・8％、公明党：3・6％、無党派：40・0％、野党第一党（立憲民主党）：4・9％
11月15日	RCEP（東アジア地域包括的経済連携）合意
12月8日	菅政権の独自色を織り込んだ総合経済対策の閣議決定
12月9日	年収200万円以上の後期高齢者の医療費負担の引き上げ方針決定
12月10日	いわゆる福島の原発処理水の放出について近々結論を出す方針を示す
12月13日	菅政権の看板政策である携帯料金値下げの方針を受け、NTTドコモが携帯の新料金プラン「ahamo」を発表
12月14日	GoToトラベル全国一斉停止決定
（12月14日）	政権支持率：42・4％、不支持率：36・0％。政党支持率は自民党：38・2％、公明党：3・4％、無党派：39・4％、野党第一党（立憲民主党）：5・1％

12月15日	2020年度補正予算案閣議決定
12月17日	1日あたりの新型コロナウイルス感染者数3000人を突破（3208人）感染爆発の兆し
12月18日	敵基地攻撃能力保有の先送り
12月21日	2021年度政府予算案閣議決定
12月25日	デジタル庁創設を含むデジタル改革の基本方針を閣議決定
12月31日	東京都で1337人の新型コロナ感染者を確認。初の一日当たり1000人を突破
1月7日	新型コロナが感染爆発状態になり、1都3県（東京、神奈川、埼玉、千葉）を対象に新型インフル特措法に基づく緊急事態宣言を発出
1月12日	政権不支持率が支持率を上回る
（1月9～11日）	政権支持率：39.5%、不支持率：40.7%。政党支持率は自民党：37.8%、公明党：3.0%、無党派：40.5%、野党第一党（立憲民主党）：6.6%
1月13日	緊急事態宣言の対象に大阪、兵庫、京都、愛知、岐阜、福岡、栃木の7府県を追加
1月18日	国会にて施政方針演説。2035年までに新車販売で電動車100%化を宣言
（2月5～7日）	政権支持率：37.6%、不支持率：43.6%。政党支持率は自民党：35.6%、公明党：3.0%、無党派：42.3%、野党第一党（立憲民主党）：6.8%

（出典：NHK世論調査）

以上のように4ヶ月強という短い期間であるが、菅政権のこれまでを振り返ると、

・発足当初、学術会議の任命にかかる問題で人事における強権を見せつけ
・その後ハンコ廃止のような、すぐに成果を出せるデジタル分野の行財政改革で実行力をアピールし
・その間にグリーン成長戦略を主軸として政策の検討を進め、12月になって一定の成果を出す

と、かなり綿密に組まれたスケジュールで検討を進めてきたことがわかる。

他方でGoToトラベルの突然の休止、感染爆発による緊急事態宣言発出、段階的な対象地域追加に代表されるように新型コロナウイルス対策は後手後手に回り、感染拡大を招く形となり、さらに自身の長男が関与するスキャンダルが追い打ちをかける形で目下支持率の低下を招いている。安倍氏が退陣を表明する直前の4月の支持率をまだ若干上回っているが、概《おおむ》ね就任祝いの下駄がなくなって、正念場に追い込まれているといったところであろうか。

（※2020年4月10～12日：政権支持率：39・0％、不支持率：37・9％。政党支持率は自民党：33・3％、公明党：3・3％、野党第一党（立憲民主党）4・0％、無党派：45・3％）

ただ政権支持率は下がっているものの、自民党支持率も無党派層の比率も大きく変わっていない。片や野党を見ると、9月に立憲民主党と国民民主党の大部分が合流したにも関わらず国民の期待は低く、野党の支持率はそれほど上がっていない。過去のケースを考えれば、大きなミスをせず、野党の結集さえ避ければ議席は大きく減らすかもしれないが、過半数は確保して与党は選挙で勝ち、政権を維持できる環境が整っているとも言える。そういう意味では今の菅政権の苦境はあくまで与党の中での、「選挙を戦うにあたって適切な「顔」と言えるかどうか」という政権内の問題にとどまっている。もちろん東京オリンピック・パラリンピックの円滑な開催に失敗し新型コロナウイルスのさらなる感染爆発を招くようなことがあれば、大きく状況は変わるのだろう。

そういう意味では、少なくとも東京オリンピックが閉会するであろう8月までは、この本でテーマとしているビジョンなき〈「東大話法」と「やってる感政治」〉は相変わらず続いていることが見込まれるし、仮に東京オリンピック開催に成功しようものなら長期的に続いていきそうな情勢である。

そこで本章では菅政権の就任以来の主要な言葉を見ていくことで、改めて菅政権の手法と、それに伴う問題を考えていくこととしたい。

学術会議問題に見る「東大話法」と「やってる感政治」の典型

菅政権が発足して一番初めに世間の話題をさらったのはいわゆる「日本学術会議会員の任命拒否問題」だった。

今となっては少々なつかしいが、この日本学術会議会員の任命拒否問題について簡単に説明しておこう。日本学術会議というのは日本学術会議法に基づいて運営される「政府から金銭的支援や公認を受けて学術的な研究活動や、学術分野における標準化を行っている学術団体」、つまりは「国立アカデミー」である。戦前にはこうした団体が帝国学士院、学術研究会議、日本学術振興会と三つあったが、これらを一つにして各学会に横櫛を通すことで科学を発展させ、学術的観点から政府に提言をする力強い機関として機能させることを目指して日本学術会議は作られた。

日本学術会議法ではその任務について、「日本学術会議は、わが国の科学者の内外に対する代表機関として、科学の向上発達を図り、行政、産業及び国民生活に科学を反映浸透さ

せることを目的とする」として、

第三条　日本学術会議は、独立して左の職務を行う。
一　科学に関する重要事項を審議し、その実現を図ること。
二　科学に関する研究の連絡を図り、その能率を向上させること。

と崇高な目標を定めている。わざわざ法律に「独立」と明記されるくらい日本学術会議の運営は独立性が重視されているのだが、実はその理由については、この法律が作られた1948年の国会審議を調べてみても、そこまで深い理由は説明されていない。

「（日本学術会議は）内閣総理大臣の所管になっております。しかし学術のことにつきましては、この日本学術会議が各省の制肘を受けないで、独立した形において自由にその職務を行うという考え（略）」

という程度のことしか政府からは説明されていない。この法案が戦後教育の監督体制を配慮して学問の中立性、継続性、安定性を担保しようとしたものと思われる。少なくとも教育委員会と同じくらい学術の分野で大きな役割を果たすことが期待されていた機関だったのだろう。

ただ実態は大きく異なる。

廃止を予定されていた日本学術振興会が求心力を維持し続け、財界、学会も草の根の運動でコミュニティを維持し続けるうちに徐々に復権してきて、ついには1967年には政府の特殊法人となって政府研究費の配分などで実務的な役割を果たすようになった。逆に日本学術会議は権威のみが残り形骸化していってしまった。近年は提言機能も科学技術会議などの他の会議体に徐々に移管され、政府の政策に影響を与えることはほぼ皆無といってもいい状況になっている。

とはいえ、権威は権威であり、日本学術会議の会員は特別職の国家公務員として特別な地位を与えられるのだが、その任命方法については任務の独立性を担保するため単純な任命ではなく以下のように「学術会議が会員候補を推薦し、その推薦に基づいて内閣総理大臣が任命する」とされている。

第十七条　日本学術会議は、規則で定めるところにより、優れた研究又は業績がある科学者のうちから会員の候補者を選考し、内閣府令で定めるところにより、内閣総理大臣に推薦するものとする。

第七条　日本学術会議は、二百十人の日本学術会議会員（以下「会員」という。）をもつて、これを組織する。

2　会員は、第十七条の規定による推薦に基づいて、内閣総理大臣が任命する。

3～8　略

この規定に基づき学術会議が設立されて以来、これまで慣例として学術会議の推薦通りに会員が任命されてきたのだが、菅首相は就任早々この慣例を破った。一部候補（105名中6名）の任命を拒否し、大いに炎上し、「なぜ菅首相は長年続いてきた慣例を破ったのか」と世間から問われ、菅首相がこの問題についてどう説明するかが注目された。

ただ結論から言えば菅首相は、ある意味予想通り、この問題について「説明をしないで論点を逸らし、（改革を）やってる感で誤魔化す」という手法で乗り切った。やや長いが具体的事例として、以下の国会における菅首相と立憲民主党の江田憲司《えだけんじ》氏の質疑を見てほしい。

〈第203回国会　予算委員会　第2号（2020年11月2日）〉

江田（憲）　まず端的にお聞きしますけれども、これは（学術会議の会員の）任命権者は総理大臣ですね。ただ、その任命基準、選考基準は何ですか。法律上の根拠を述べていただきたいんです。

菅総理　日本学術会議法上は、会員の任命については、学術会議からの推薦に基づいて内閣総理大臣が任命することになっています。推薦については、同法で、すぐれた研究又は業績がある科学者のうちから会員の候補者を選考し、内閣総理大臣に推薦するというふうになっています。

江田（憲）　（略）であるならば、お聞きしますけれども、総理、すぐれた研究又は業績があるということを総理が判断をしなければいけないわけですけれども、総理は任命を拒否した六人の方の研究や業績について一体どれほどのことを御存じでしたか。本件が起こる前から この六人の方のお名前は御存じでしたか。

菅総理　私は、加藤陽子先生以外の方は承知していませんでした。

江田（憲）　ということは、加藤陽子先生以外の方の著作や研究論文等々も読んだことはないということでよろしいですか。

菅総理　それはありません。

江田（憲）　それで、報道によると、実は、これは杉田官房副長官が事前に総理に話をして方針を決め、その結果、起案をして、九十九名の方を任命されたと。総理はもともとの百五名の名簿は見ておられないということですが、それで結構ですね。

菅総理　百五名のもともとの名簿は見ていないということは事実です。

江田（憲）　それでは、事前に杉田副長官と総理が打合せされた、その方針というのを明らかにしていただけませんか。

菅総理　私は、官房長官のときから、学術会議にさまざまな懸念を持っていました。それは、まず、年間十億円の予算を使って活動している政府の機関であり、私が任命をすると公務員になるんです。そういう中で、かねてより多様な会員を選出するべきと言われながら、現状は出身や大学に大きな偏りがあります。また、民間人、産業界、あるいは四十九歳以下の若手はたった三%です。

午前中もこれは議論がありましたけれども、会員の選考というのは、研究者は全国で九十万人いると言われています、その中で、約二百人の現在の会員、また約二千人の連携会員、この人たちとつながりのある限られた中から選ばれております。閉鎖的で既得権のようなものになっていると言わざるを得ないというふうに思います。

こうした中で、学術会議から推薦された方々をそのまま任命されてきた前例を踏襲していいのかどうか、私自身は悩みに悩みました。そして、この閉鎖的で既得権のようになっているとも言われるこういう状況の中から任命されてきているわけでありますから、今回、前例踏襲はやめて、結果として、例えば民間人や若い人をふやすことができるようにしたらいいのではないかなという私自身の判断をしたということであります。

江田（憲）（一通り反論したのち）百歩譲って、じゃ、バランス論をとるとしましょう。今回、六人任命拒否のうち、三人は私大出身ですよ、総理が少ないと言われている。一人は女性ですよ。女性をふやせって、女性一人を拒否された。慈恵医大の先生、誰一人、今、現会員いらっしゃいませんね。その貴重なたった一人の先生を任命拒否された。立命館大も、今たった一人しか現会員いらっしゃらない。それを拒否された。

そのバランス論に立ったとしても、総理がおっしゃっていることは支離滅裂ではありませんか。

菅総理　まず、個々人の任命の今理由を述べるようでありますけれども、これは政府の機関にかかわる公務員の人を指名するのと一緒ですから、通常の公務員の任命と同様に、その理由について、これは人事にかかわることですから、答えは差し控えるべきだと思いますよ。

江田(憲)　都合が悪くなると人事で逃げるんですけれども、人事を、政治家になる前、やったことありますか、菅総理。

普通、こういう場合、物事をわかりやすく言いましょう。例えば、社長があの課長を飛ばせと言う。確かにその課長本人には飛ばす理由は言わない。しかし、少なくとも人事部長には言いますよ。上司には言いますよ。なぜか。それは人事が回らなくなるから。なぜ社長が飛ばしたのかわからないと、次以降の人事ができないんですよ。今回の場合は、少なくとも学術会議の会長ぐらいにはおっしゃらないと。早速、会長もおっしゃっているじゃないですか。これからどうやって推薦していいかわからない、全く理由がわからない。また三年後、百五人の推薦をするときに、基準がわからないんだったら推薦もできないでしょう。

だから、人事で逃げる、個々具体的な本人がどうしたこうした、明らかにできないというのを認めるにしても、この場合は学術会議の会長にはしっかり言わないと、今後、学術会議の人事が回っていかないんですよ。いかがですか。

菅総理　今、私申し上げましたけれども、人事の判断は必ずしも単一の理由でなく、さまざまな要素を考慮して行われるものであって、これを説明することによってその後の円滑な人事が逆に困難となるおそれがある。これは組織一般に通ずるものじゃないでしょうか。

見ていただければわかると思うが、答弁内容の質が低く、そもそも菅首相が江田議員の質問を正面から受け止めて答えようという気がないことは明らかである。菅首相の国会答弁は終始この調子なのだが、この例は際立っていたので取り上げることとした。

やりとりを簡単にまとめると以下のようになる。

Q1：学術会議の会員の選考基準は何か。

A1：学術会議がすぐれた研究又は業績がある科学者のうちから会員の候補者を選考し、内閣総理大臣に推薦し、その推薦に基づいて内閣総理大臣が任命することになっている。

Q2：では任命拒否された六人の委員の名前や業績を知っていたか。

A2：一名を除いて知らない。

Q3：杉田官房副長官と事前に方針を決めて、その方針に基づいて105名から99名を選んだということだが、その方針とはどのようなものか。

A3：かねてより多様な会員を選出するべきと言われながら、現状は出身や大学に大きな偏りがある。民間人、産業界、あるいは四十九歳以下の若手はたった三％だ。研究者は全国で九十万人いるが、約二百人の現在の会員、また約二千人の連携会員、この人たちとつながりのある限られた中から選ばれており、閉鎖的で既得権のようなものになっている。
したがって今回、前例踏襲はやめて、民間人や若い人をふやすことができるようにしたらいいのではないかと私自身が判断をした。

Q4：多様性、バランスが大事というなら、なぜ私大出身者、女性、会員が少ない大学の会員候補を拒否したのか。

A4：個別の人事の問題には答えられない。

Q5：人事全体の方針を伝えないと、そもそも学術会議が候補者を推薦することができない。実務的なことを考えると学術会議の会長には人事方針を伝える必要があると思うがどう考えるか。

A5：答えられない。人事の判断は必ずしも単一の理由でなく、さまざまな要素を考慮して行われるものであって、これを説明することによってその後の円滑な人事が逆に困難となるおそれがある。

ハッキリ言って議論になっていない。江田氏の質問とは関係ない自分の見解を披露し、内容を明らかにしないまま既得権を批判し、矛盾点を突かれると「人事の話なので答えられない」と逃げると言った具合である。それでも「私が前例踏襲をやめることを判断した」と経緯や理由を明らかにしないまま、改革をやってる感じだけはしっかり醸し出している。

わずか8年やそこら前ではあるが、私が官僚として務めていた時代にはこのレベルの国会答弁は絶対に審査を通らなかったので、隔世の感を覚える。それだけこの8年間で官邸主導というものが進んだのであろうし、この答弁こそが首相自身の意思ということなのだろうと思う。

「東大話法」なるルールに当てはめれば、

Q1は「自分の立場の都合のよいように相手の話を解釈する」
Q2は「どんなにいい加減でつじつまの合わないことでも自信満々で話す」
Q3は「自分の問題を隠すために、同種の問題を持つ人を、力いっぱい批判する」
Q4は「都合の悪いことは無視し、都合のよいことだけ返事をする」
Q5は「都合のよいことがない場合には、関係のない話をしてお茶を濁す」

というところであろうか。

このように、この議論は論戦としては野党側（江田氏）が圧倒的に優位に立っているのだが、結果として政権の支持率に大きなダメージはなかった。学術会議問題がマスコミに注目され始めた10月に内閣の支持率は7％強下落（62・4％→55・1％）したが、この答弁が行われた直後の11月の世論調査ではむしろ支持率（55・1％→55・6％）が若干回復している。

より詳細を見ると、不支持理由としては「人柄が信頼できないから」が9月から10月にかけて13・5％から31・5％と激増し、他方で支持理由としての「実行力があるから」という項目が、9月から10月にかけて15・3％から18・4％にあがっている。なお不支持理由としての「実行力がないから」という項目も9月から10月にかけ8・0％から5・6％に下がっている。全般的にこの判断は「人柄」の面で浮動層の離反を招いたが、実行力という点では若干の前向きな評価が得られた、といったところであろう。

この「実行力」は菅政権の支持率を大きく左右するファクターになっている。その後11月、12月、1月と不支持理由の「実行力がないから」という理由は5・6％→12・8％→29・

図5 菅内閣を支持しない理由（2020年9月）

政策に期待が持てないから	33.1%
支持する政党の内閣でないから	16.0%
人柄が信頼できないから	13.5%
実行力がないから	8.0%
他の内閣の方が良さそうだから	16.0%
その他	4.3%
わからない、無回答	9.2%

出典：NHK政治意識月例電話調査

図6 菅内閣を支持しない理由（2020年10月）

政策に期待が持てないから	30.7%
支持する政党の内閣でないから	12.7%
人柄が信頼できないから	31.5%
実行力がないから	5.6%
他の内閣の方が良さそうだから	13.1%
その他	2.4%
わからない、無回答	4.0%

出典：NHK政治意識月例電話調査

1%→39・8%と急増し、それと反比例するように支持率が大きく下落している。この原因が新型コロナウイルスの拡大から緊急事態宣言に至る、実行力を発揮できなかった後手後手の対応にあることは疑いがないが、これは同時にいくら野党が国会で菅政権を舌鋒するどく追及しようが大勢に影響を与えていないという悲しい現実を示唆している。それだけ政治家の言葉の力というものは弱まっている。逆に野党も政策の実行力というものが問われることになっており、それが日本維新の会の定着や、リベラルからの提案を標榜する新国民民主党の誕生にもつながっているのだろう。

かつて第一次安倍政権や麻生政権は失言で内閣崩壊にまで追い込まれたわけだが、今やその時代は遠く「人柄が信頼できて」「実行力があれば」大抵のことは許される時代なのである。逆に言えば「人柄が信頼できなくて」「実行力がない」と見なされれば国民の支持は離れていく。安倍政権の末期の2020年8月は支持率33・8%、不支持率47・3%だったが、不支持理由としては「人柄が信頼できない（28・0%）」「実行力がない（22・9%）」で半分を占めた。

なお最大の不支持理由は「政策に期待が持てない（36・8%）」だったが、菅政権が安倍政権の継承内閣である以上は大きな政策転換は困難と言わざるを得ず、必然的に菅首相のやるべきことは「人柄アピール」と「改革をやってる感を出して実行力をアピールする」ということになるわけである。残念ながら学術会議はとうの昔に有名無実化しているただの権威団体で、冷静に見れば学術会議の人事など国の政策の中では些末な問題だ。おそらく菅首相はそれを踏まえた上で、就任早々「やってる感」を出すため、また引き続き「官邸がすべからく公務員の人事を掌握している」という事実を改めて霞ヶ関全体に見せつけるために、学術会議の会員の任命にあたって「前例を踏襲しない」という選択肢を取ったのだろう。

この選択は、政権支持率を左右する二大ファクターの一つ「首相の人柄」という面では評価を落としたが、「実行力」という意味では一定の評価を受けた。そして野党の追及は残念ながら大きな意味を持たなかった。そういう意味ではこの話は「東大話法」と「やってる感」という菅政権下における与党の論戦の空虚をよく示していた事例だったように思う。

新型コロナ対策に見る「やってる感」政治

前項では国会答弁から、菅首相が野党から攻められた時、いわば「守り」に入った時の話法を見たが、ここからは逆に菅首相が積極的に情報を発信する際に、いわば「攻め」に回って「自らがやりたいこと」を語る時の話法について分析していきたい。

題材としては、少々長くなるが菅氏が首相就任にあたって国会の場で、自らの内閣で「やりたいこと」を初めて包括的に述べた2020年10月26日の所信表明演説を取り上げ、その後の進捗状況や背景とともに評価していくこととしたい。

まずは目下最大の課題である「新型コロナウイルス対策と経済の両立」を題材に取り上げよう。

内容に入る前に簡単に日本の新型コロナ対策の体制について概観しておくと、体制は大きく6月19日以前と以後で分かれる。6月19日以前は厚生労働省が主として事務を取り仕切る「新型コロナウイルス感染症対策専門家会議」中心の体制だったが、同会議については、6月24日に西村康稔《にしむらやすとし》経済再生担当大臣が唐突に廃止を発表し、7月6日以降は官邸主導の「新型コロナウイルス感染症対策分科会」が対策の中心となった。

この判断について西村大臣は

「専門家からは、「（専門家会議が……筆者註）すべてを決めているかのような印象を与えている」という反省めいたことも言われており、専門家がこれまでを評価し、一定の区切りをつける夕イミングで会議をしっかり位置づけたい」

と説明しているが、実際は専門家会議の構成員の了承を得ずに官邸が一方的に体制変更を決めたものだった。では具体的に専門家会議廃止前後で何が変わったかというと、感染状況のシミュレーションを担当していた「8割おじさん」こと西浦博《にしうらひろし》京都大学教授が事実上対策チームから外されたことだ。これは感染症対策と経済対策の調整が政府内でうまくいかなかった結果で、このことについて西浦氏は著書で以下のように述べている。

「今ならもう言っても大丈夫だと思うのですが、経済対策を担当する大臣が感染症対策の大臣を兼ねているために問題が生じているんだと率直に感じました。感染症対策と経済政策が背反するコンセプトである中でそれを同一者が担当している、というのは脆弱な政策的距離感を生み出してしまい、経済産業省の意思が強めに効いた安倍政権は、次第次第に経済重視に傾くことになります。第二波の拡大が他の先進国よりすごく速く、特に英国やフランスなどのヨーロッパを1ヵ月以上の時間差を追い抜いて発生したのは、経済重視の開放プロセスで制御をなおざりにした結果であることは、否定しようのない事実だと思います。それと同時に、僕が関わって特に批判をされた8割接触削減とか、被害想定の42万人の話というのは、やっぱりピュアにストレートにやりすぎていたのが問題かもしれないと実感します」

（西浦博・川端裕人『理論疫学者・西浦博の挑戦 新型コロナからいのちを守れ！』）

西浦氏は感染拡大第一波の最中の2020年4月15日、厚生労働省のクラスター対策班としての会見で、「新型コロナウイルスの感染防止策を何も行わなかった場合、流行が終わるまでに国内で約85万人が重篤な状態となり、半数の約42万人が死亡する」との推計を発表して接触の8割削減の必要性を唱えたが、このことが「（専門家の域を超えて）前に出過ぎている。国民を脅して経済を潰すつもりか」と政策的な批判を強く浴びることになった。その結果西浦氏は新型コロナ対策の中心から外されることになったのだが、この人事的オペレーションの中心になったのは当時官房長官の菅氏と言われている。それを踏まえて、以下所信表明における菅氏の演説を見ていこう。

「この度、第九十九代内閣総理大臣に就任いたしました。新型コロナウイルスの感染拡大と戦後最大の経済の落ち込みという、国難の最中《さなか》にあって、国の舵取りという、大変重い責任を担うこととなりました。

（略）

六月下旬以降の全国的な感染拡大は減少に転じたものの、足元で新規陽性者数の減少は鈍化し、状況は予断を許しません。爆発的な感染は絶対に防ぎ、国民の命と健康を守り抜きます。その上で、社会経済活動を再開して、経済を回復してまいります。

今後、冬の季節性インフルエンザ流行期に備え、地域の医療機関で一日平均二十万件の検査能力を確保します。重症化リスクが高い高齢者や基礎疾患を有する方に徹底した検査を行うとともに、医療資源を重症者に重点化します。

ワクチンについては、安全性、有効性の確認を最優先に、来年前半までに全ての国民に提供できる数量を確保し、高齢者、基礎疾患のある方々、医療従事者を優先して、無料で接種できるようにします」

このように菅首相は少なくとも10月の時点では新型コロナウイルスについて以下のような認識を持っていたことがわかる。

❶爆発的な感染は防ぎつつ、社会経済活動を再開して、経済の回復を図る
❷検査能力、医療資源は高齢者、重症者に重点化して当面を乗り切る
❸2021年前半中に全ての国民に行き渡る量のワクチンを用意して新型コロナウイルス問題に終止符を打つ（そしてオリンピックを開催する）

これ自体は一見合理的に見えるし、当時としてはあり得るシナリオだったのだが、計画に基づく数値的根拠が乏しく、かなり難しい道であった。菅首相の話はこういう感覚的な話が多い。実際オリンピックについては2021年1月21日の国会での質疑において共産党の志位委員長からの質問に対する答弁において菅首相は「感染対策をしっかり行うことにより、ワクチンを前提としなくても安全安心な大会を開催できるよう準備を進めている」と軌道修正を迫られることになった。

また経済との両立という主張においても計画の欠如が見られる。

新型コロナウイルスの感染リスクを意識しながらの生活となると、特に慢性疾患を抱えている人や守らなければいけない乳幼児を抱える世帯や高齢者の生活はある程度制限がからざるを得ず、民間消費は当然落ち込むことになる。また、幸か不幸か日本はこれまでSARS、MERSといった感染症の危機にさらされてこなかったので、元来感染症に対応する能力が貧弱で、今からそれを伸ばそうと思ったところで短期的には限界がある。結果として経済は「本質的なコロナ問題に対する解決が得られるまで」は不十分な医療資源の制約の天井をうかがいながらの低迷飛行を強いられることになる。これは当然の論理的帰結である。

実際OECDの経済データを見ると、少なくとも今のところは「新型コロナウイルスの感染拡大を抑え込んでいる国の方が経済的ダメージは少ない」という結果が出ている。例えば2020年の7－9月期の前年比GDP成長率を見ると、人権もへったくれもないほど強権的なコロナ対策を実行して徹底的にコロナを封じ込めた中国は前年比＋4・9％成長と、今もっとも世界で経済が好調な国の一つとなっている。OECD内でそれに続く二番手が、こちらも個人情報を国が管理してかなり強権的なコロナ対策を実行している韓国で、

－1・1％とマイナス成長ながらダメージが少ない。OECD外では同じく強権的手法で封じ込めた台湾（＋3・3％）、ベトナム（＋2・6％）、ニュージーランド（＋0・4％）の経済も同様に好調だ。

　他方で日本はどうなのかというと、－5・7％と経済低迷が著しく、少なくともアジアの中では劣等生である。こうした国々と比較する限りはやはり「感染症対策にきっちり行政が介入して、感染者数を低水準に押さえ込み続けたほうが経済が回復する」ように思える。よく考えればコロナが広がってなければコロナを恐れずに元の状態に近い経済活動、消費活動ができるので、そりゃそうである。

　もちろん感染症対策という名目で経済活動や個人の活動の制約をどの程度かけられるかというこ

図7　四半期ごとの各国GDP成長率

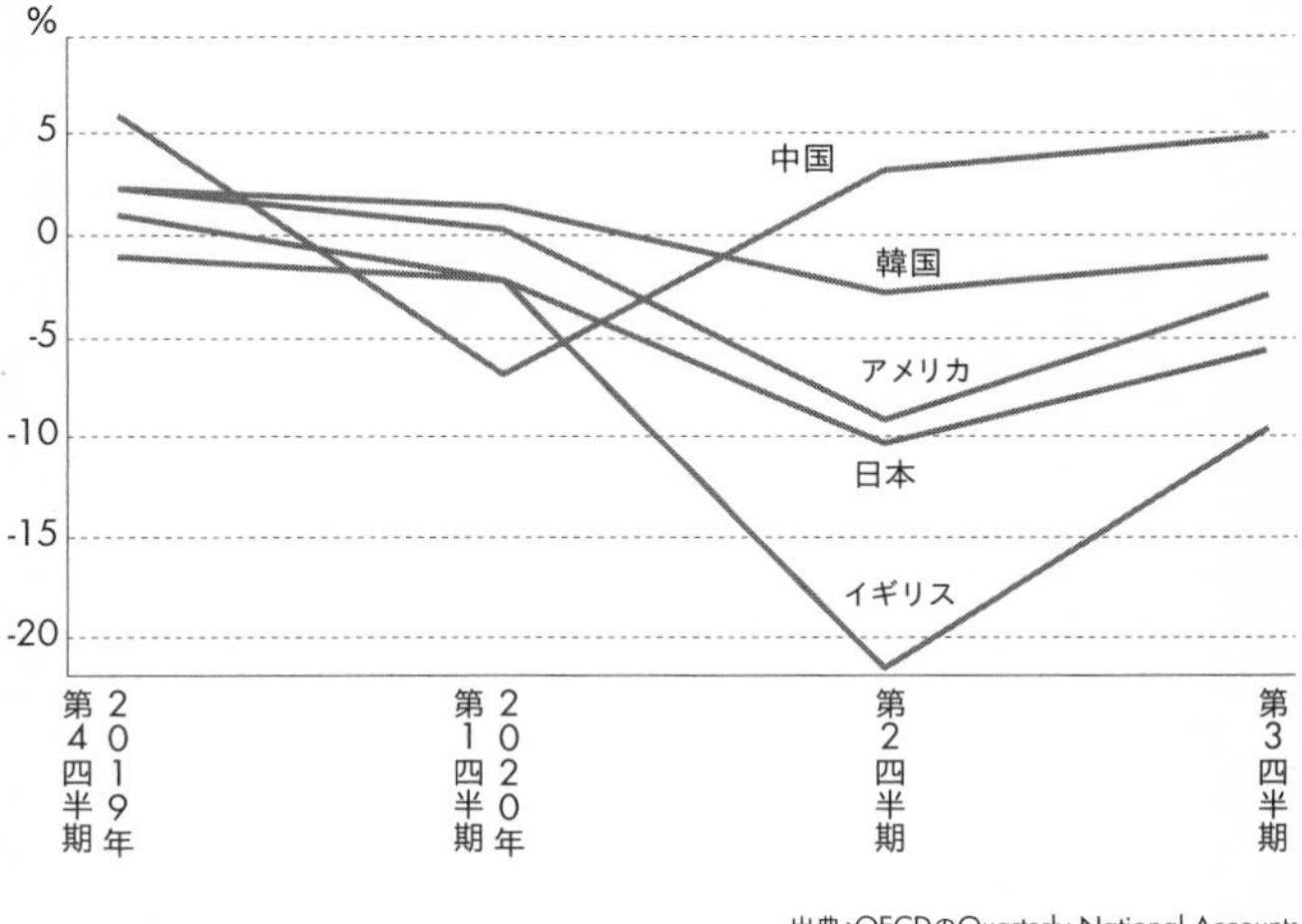

出典：OECDのQuarterly National Accounts

とは、民主主義の根幹に関わる問題なので簡単に是非を判断できない問題ではある。ただ菅政権の新型コロナ対策は「数値、計画的根拠を示さず感覚的に判断する」という意味で菅首相らしい政策決定が続けられてきたということは言えるだろう。

ではこうした医療資源の天井を意識しながらの経済低迷状態を打開しうる「本質的なコロナ問題に対する解決」とは何なのかというと、国民が広くワクチンを接種することで新型コロナウイルスの感染が拡大しない状況、いわゆる「集団免疫」を達成することなのだが、この実現も短期的には厳しい。新型コロナウイルスが広がらない状態を作るには、最低でも国民の50%程度はワクチンを接種して同ウイルスに対する免疫を持っている状態を保持する必要がある。すでに菅首相も認めている通り、まずもってオリンピックまでにその状態を作ることがかなり困難であるし、その状態を維持するとなるとさらに困難である。

これは少し計算すれば明らかな話で、仮に3月始めからオリンピックが開催される6月末までの概ね120日間で6000万人分のワクチンを打つとすると、平均で1日50万人分のワクチンを打ち続ける必要がある。これ自体困難なことだが、ワクチンの免疫効果は一年は持たないと考えられるので、少なくとも年に一回、継続的にワクチンを打ち続けなくてはならない。そのため今後数年間は1日20〜40万件のペースでワクチンを打ち続ける必要がある。こうしたワクチン供給体制を短期間で作ることは至難の業と言っていいだろう。

とはいえ、こんなことはかなり前からわかっていたわけで、そうなるとワクチンによる集団免疫がない状態でオリンピックを開催する「Bプラン」を早くから考えておかなくてはならなかったわけだが、そうした検討は少なくとも2021年1月現在では行われてきた様子はない。おそらくは官邸主導の人事システムの中で、そうした異論を菅首相に唱えられない体制にあったのだろう。

なぜこのようなことになっているかというと、菅首相は政策立案にあたって個人的な「感覚」を重視し、その感覚と適合するブレーンを重用して、有無を言わさず官僚に実行させるという「感覚頼り、ブレーン頼り」で方針を決めて、官僚には提言をさせず実行のみ担わせる傾向があるからだ。

菅政権は個別の政策を決める前の全体ビジョンとしての戦略がないままに、菅首相の個人的感覚と政局事情から浮き上がる目前の課題に対する個別政策を立案していくため、全体としてみたときに、計画性のない政策パッケージが出来上がることが多い。そしてさらに大きな問題は、こうした大きな矛盾を抱えるビジョンなしに感覚に基づきタスクを積み上げていく「やってる感」政治を諫める官僚や政治家が、これまで菅首相が作り上げた官邸主導の人事システムによって排除されていることである。
本書を執筆している2021年1月現在の東京は緊急事態宣言下にあるが、これは医療資源が限界を迎えた上のなし崩し的な発令で、「緊急事態宣言がいつ解除されるのか」という目安が見えず、理論的根拠も明らかでない。この点西浦氏は

「そもそもクラスター対策ができるレベルまで新規感染者数を下げましょうというのが目標
（略）」

と明確に述べており、実際6月19日の専門家会議において、詳細なシミュレーションをもとに、総合的に見て自粛を最も短くするための目安となる感染者数の水準を各都道府県別に推定している。それが東京では一日あたり50人以下の感染者とされている。西浦氏の行動の是非は置くとして、再び根拠に基づく新型コロナ対策に立ち戻るのか、それともこのまま感覚に基づく政策判断が続けられるのか、注目されるところである。

「デジタル」「グリーン」の看板政策はどのように実行されるのか

続いて菅首相が掲げる看板政策について見ていきたい。

キーワードは「デジタル」と「グリーン」である。

前者の「デジタル」については、デジタル庁を創設し、マイナンバーを核に行政のデジタル化を進めていくとしている。後者の「グリーン」については2050年のいわゆるカーボンニュートラル、CO_2排出ゼロを宣言し、強力に再生可能エネルギーを導入することを宣言した。両分野ともに新しい流れが起きており、それを規制改革や産業政策で推し進めていこうというわけだ。

まずは前者の「デジタル」の方から詳しく見ていきたい。

菅首相がなぜ政策分野としてこれほどデジタルにこだわるかというと、これはおそらく、というより確実に、これが総務省の行政分野であるからだ。菅首相は官房長官以前の本格的な行政経験が総務省関係ポストに偏っているので、必然的に思い入れや成功経験があるのは同省の業務分野にあたる。たとえ首相であっても人間なわけで、経験の制約からはなかなか逃れられないものである。

総務省はその成り立ちからして、地方自治制度を所管する「自治省」、郵便・IT分野を所管する「郵政省」、行政効率化を所管する「行政管理庁」の3つの省庁が合併してできた省庁で、自治省と郵政省の所管分野の掛け算で「地方自治体のＩＴ化」は総務省が担当してきたのだが、これがなかなか上手くいかなかった。理由としては、地方自治体ごとにシステム構築の決定権限があるので、各地域ごとに独自のシステムを作ってしまい標準化が進まなかったため全国展開できるアプリが開発されなかったからである。

これを踏まえて菅首相は以下のように所信表明で述べている。

「今回の感染症では、行政サービスや民間におけるデジタル化の遅れ、サプライチェーンの偏りなど、様々な課題が浮き彫りになりました。デジタル化をはじめ大胆な規制改革を実現し、ウィズコロナ、ポストコロナの新しい社会をつくります。

役所に行かずともあらゆる手続ができる。地方に暮らしていてもテレワークで都会と同じ仕事ができる。都会と同様の医療や教育が受けられる。こうした社会を実現します。

そのため、各省庁や自治体の縦割りを打破し、行政のデジタル化を進めます。今後五年で自治体のシステムの統一・標準化を行い、どの自治体にお住まいでも、行政サービスをいち早くお届けします。

マイナンバーカードについては、今後二年半のうちにほぼ全国民に行き渡ることを目指し、来年三月から保険証とマイナンバーカードの一体化を始め、運転免許証のデジタル化も進めます。

こうした改革を強力に実行していく司令塔となるデジタル庁を設立します。来年の始動に向け、省益を排し、民間の力を大いに取り入れながら、早急に準備を進めます」


この答弁は菅首相としては珍しくビジョンオリエンテッドな構成となっている。目指すべき社会像として、

「役所に行かずともあらゆる手続ができる。地方に暮らしていてもテレワークで都会と同じ仕事ができる。都会と同様の医療や教育が受けられる社会」

を挙げ、その実現の手段として
「各省庁や自治体の縦割りを打破し、行政のデジタル化を進める」

ことを宣言した。

具体的な手法としては、

「（クラウド化を前提として）自治体のシステムの統一化、標準化」

「マイナンバーカードの普及、マイナンバーカードと保険証の一体化、運転免許証のデジタル化」

などを挙げ、こうした政策を実現するための仕組みとして

「デジタル庁を設立して省益を排し、民間の力を取り入れる」

ことを挙げている。

これは実に菅首相らしい答弁である。まずデジタル政策の目的として「地方と都会の格差の是正」を挙げている点が、菅首相の出身である秋田への思いを感じさせる。実際には行政のデジタル化への期待は「手続きが24時間できる」「窓口に行かなくてすむ」、というところにあり、これを進めることにより利便性が増すのはITリテラシーの高い都会の若年、壮年層が中心であることは疑いようがないのだが、ここで地方住民を主役に考える視点がいかにも菅首相らしい。概して菅首相の独自政策立案の基礎はデータよりも個人の経験によるところが大きい。一例を挙げると、菅首相はよく自身の実績として「ふるさと納税」を立案した時のことを振り返るが、著書では以下のように述べている。

「秋田の農家で育った私の中には、一貫して「地方を大切にしたい」、「日本の全ての地方を元気にしたい」という気持ちが脈々と流れています。この原点を形にするために、知恵を絞り、政策を実現してきました。実際に、第一次安倍政権で総務大臣に就任してからは、かねてから自分の中で温めてきた「ふるさと納税」を官僚の大反対を押し切って創り上げました。地方から都会に出てきた人たちの多くは、「生まれ育ったふるさとになんらかの貢献をしたい」、「ふるさと、との絆を持っていたい」、そう思っているに違いないと思ったからにほかなりません。今では、多くの国民のみなさまにご利用いただいており、あのとき信念を曲げなくてよかったと考えています」

このように菅首相の中ではふるさと納税は「自身の体験に基づく思いから立案して、官僚の大反対を押し切って創設し、国民に広く利用されるようになった制度」ということになっているが、実態は微妙に異なる。

ふるさと納税は創設当時（2008年）は利用が低調であまり国民から菅氏の思いは共感が得られていなかった。これが2015年に制度改正されて節税メリットが拡大すると、節税を目的とした利用者が急速に増えた。それに伴い自治体の寄付に対する返礼品競争が起き、「ふるなび」などのポータルサイトができて利用が簡便になり節税と地方創生が相まって市場化した。ふるなびの返礼品ランキングではハンバーグソースやいちごのパックや帆立、和牛切り落としやうなぎ蒲焼などが人気上位にあがっており、寄付者もそれら名産品を目的として各地方に寄付しているわけで「故郷に対する思い」は残念ながらほとんどない。確かにこの制度はよく使われているが、「歪《いびつ》な税制で名産品市場を歪めている」という批判も根強い。

そういう意味では、ふるさと納税は成功した制度であるかもしれないが、菅首相の思いとは違った形で成功しており、副作用的な問題も抱えている。ただ菅首相の中では、「自らの体験に基づいて、独自で政策を立案し、官僚の抵抗を乗り越え省益を排して実現し、民間の力を取り入れることで普及した制度」として強烈な成功体験となっている。

今回も菅首相の頭の中で考えるデジタル政策の対象が、田舎の閉塞感に苦しみ都会に憧れたかつての自分のような人物を政策対象としてイメージしているように見えて、現実のニーズとすれ違ってしまっているようで若干不安なのだが、目的意識が不明確でも、力技で押し切り、形になるまで民間企業を巻き込んでやり抜く執念が菅首相にはある。そういう意味では菅政権が続く限りは、菅首相は民間の事業者のパートナーを得て、国民が実感できるまでこの政策を実行し抜くように思われる。率直に言って期待できる。

ふるさと納税のパートナーは「ふるなび」運営のアイモバイルや楽天といった通販会社だったわけだが、今回行政のデジタル化にあたって、菅首相のパートナーを務める会社はどこになるのだろうか。この問題はつまるところ「クラウドで自治体のシステムを運用するのは誰か」ということになる。

2020年12月25日に取りまとめられた「デジタル社会の実現に向けた改革の基本方針」では、この分野における地方自治体と国の関係について「地方公共団体が、全国的に統一して整備される基盤を活用して、地域の実情に応じた施策が行われることを可能とするような環境を国が整備することを旨とする」と記載されている。これまで各自治体は自庁舎内にサーバーを構築し独自にシステムを構築・所有することが原則であったが、今後はベンダーが提供する既製のサービスを利用し、カスタマイズしてシステムを構築することになる。すでにこうした自治体のシステムのクラウド化の動きは個別に進んでいるが、菅政権は新設するデジタル庁を司令塔として、自治体独自の動きをけん制し2023年度までに自治体のシステムの仕様を統一化することを目標に掲げた。

国民からすれば、どこの自治体で行政手続きを取るにも同じシステム基盤、同じ手続きになるわけで、これは重大な変化なのは間違いない。そのシステムの出来がよければ利便性が大いに増すことになる。ただ必然的にそのシステム基盤を提供するメーカーは大きな需要を手にし、同時に行政システムの保守という重要な役割を担うことになる。

その企業がどの会社になるか、果たしてその責務を果たすにあたって適切な会社が選ばれるかどうか、ということは注目すべきように思える。

看板の「グリーン」政策から見える地域政治家としての顔

続いてもう一つの菅政権の看板政策である「グリーン」について掘り下げてみよう。

まずはともかく例によって、菅首相の所信表明における該当部分をチェックすることから始めたい。

「菅政権では、成長戦略の柱に経済と環境の好循環を掲げて、グリーン社会の実現に最大限注力してまいります。

我が国は、二〇五〇年までに、温室効果ガスの排出を全体としてゼロにする、すなわち二〇五〇年カーボンニュートラル、脱炭素社会の実現を目指すことを、ここに宣言いたします。もはや、温暖化への対応は経済成長の制約ではありません。積極的に温暖化対策を行うことが、産業構造や経済社会の変革をもたらし、大きな成長につながるという発想の転換が必要です。

鍵となるのは、次世代型太陽電池、カーボンリサイクルをはじめとした、革新的なイノベーションです。実用化を見据えた研究開発を加速度的に促進します。規制改革などの政策を総動員し、グリーン投資の更なる普及を進めるとともに、脱炭素社会の実現に向けて、国と地方で検討を行う新たな場を創設するなど、総力を挙げて取り組みます」

このように菅首相は「グリーン化」に関して所信表明で「2050年までのカーボンニュートラル」という非常に大胆な目標を宣言しているのだが、その割には答弁の中味が乏しい。一応構造を分析するとまず目標として

「我が国は、二〇五〇年までに、温室効果ガスの排出を全体としてゼロにする」

ということを掲げ、その理由として

「積極的に温暖化対策を行うことが、産業構造や経済社会の変革をもたらし、大きな成長につながる」

としていわゆる〝カーボンニュートラル〟を目指す取り組みが、経済成長のエンジンとなりうることを挙げている。このような「政府が高い目標を掲げることでイノベーションを促す」という主張は感覚としては理解しうるのだが、〝カーボンニュートラル〟という個別の取り組みとの関係では特段理論的な根拠はなく、菅首相のある種の先入観を感じる。資源のない我が国がカーボンニュートラルというところまで踏み込むのは実際は国運を左右するような決断なのだから、もう少し理論なりビジョンなりというものを語るべきと思うのだが、それを語らずに一方的に決断だけ押し付けるスタイルは菅首相らしいと言えばらしい。

ただそれでも「この方向性でやる」と一度決めたら官僚機構を硬軟おりまぜコントロールして、政策を実現させるのが菅首相である。目的に向けて一直線に向かうときの菅首相の突破力は高い。菅首相は就任直後に、安倍政権時代の成長戦略の司令塔であった「未来投資会議」を自身のブレーンを揃えた「成長戦略会議」に衣替えしてこの分野の検討を進め、各省庁間の利害を調整して2020年12月25日に「2050年カーボンニュートラルに伴うグリーン成長戦略」を取りまとめている。この報告書では再エネの拡大や脱炭素化を政権として強く進める意向を示すとともに、かなり具体的な政策パッケージを示している。この成長戦略は「日本が珍しくプロアクティブに大胆かつ具体的な政策パッケージを作った」と海外企業からも注目を集めているのだが、これを踏まえ2020年1月18日の施政方針演説では「グリーン化」のパートは以下のようにだいぶ充実したものになった。

「(10月26日の所信表明で)二〇五〇年カーボンニュートラルを宣言しました。もはや環境対策は経済の制約ではなく、社会経済を大きく変革し、投資を促し、生産性を向上させ、産業構造の大転換と力強い成長を生み出す、その鍵となるものです。まずは、政府が環境投資で大胆な一歩を踏み出します。

過去に例のない二兆円の基金を創設し、過去最高水準の最大十%の税額控除を行います。次世代太陽光発電、低コストの蓄電池、カーボンリサイクルなど、野心的イノベーションに挑戦する企業を、腰を据えて支援することで、最先端技術の開発・実用化を加速させます。

水素や、洋上風力など再生可能エネルギーを思い切って拡充し、送電線を増強します。デジタル技術によりダムの発電を効率的に行います。安全最優先で原子力政策を進め、安定的なエネルギー供給を確立します。二〇三五年までに、新車販売で電動車一〇〇%を実現いたします」

見るからに主張が分厚くなっており、菅首相はカーボンニュートラルを実現する手段として、新技術の研究開発の充実と、水素インフラ、洋上風力発電の拡充、送電線の増強、原子力政策の着実な推進、安定的なエネルギー供給の確立などを上げている。私は菅首相に再エネのイメージを持っていなかったので、当初はここまで再エネ、脱炭素政策に力を入れるのかと些か意外であったのだが、よくよく考えてみればもっともな理由があった。

それは「地元」である。

次世代の再生可能エネルギーの主役とされているのは、その名の通り洋上で風力発電をする方式の洋上風力発電、である。政府の目標としては2030年までに1000万kW、2040年までに3000〜4500万kW導入するとしている。これがどれくらいの経済規模かというと、建設費でkWあたり56・5万円を想定しているので、建設額だけで2030年までに5・65兆円規模の開発がなされることになる。2040年までとなればコストダウンもある程度実現していると思われ、仮に平均的な建設費が半額の28・3万円月kWに下がったとしても建設額は10兆円規模にのぼる。また発電設備の建築に伴い、港湾の整備、余剰電力貯蔵のための水素製造設備などの大規模な公共事業も伴う。目的は「カーボンニュートラルの実現」という形で正当化され、性質上建設できる土地が風況がいい地域に限られるにしろ、巨大な利権と言ってもよいだろう。

当然「ではこの洋上風力発電設備がどこに作られるか?」ということが経済、政治的には重要になるわけだが、この点現在計画している開発案件については経済産業省が計画を公表している。

現在経産省は、長崎、秋田、千葉の沖を「促進区域」と指定しており、これら地域で政府が前面に出る形で洋上風力発電の開発を進めている。図8「洋上風力発電の導入状況および計画」は2018年12月に経済産業省が公表した資料だが、この時点で菅首相の地元である秋田では180万kW強の開発が予定されている。これだけでも経済規模で言えば1兆円を超え十分な「地元利権」と言えそうだが、土地柄としてはまだまだ積み増しを狙え、「故郷に錦を飾る」には十分すぎるものであろう。自身の出身地として秋田への思いが強い菅首相が再エネを強く推進する動機としては納得いくものがある。

なお菅首相は再エネ、洋上風力発電の推進を自らの政治的基盤の構築につなげることにも成功している。具体的な構造を説明する。自民党には再生可能エネルギー普及拡大議員連盟（会長柴山昌彦衆院議員）という議員連盟があるのだが、この議員連盟を実質的に動かしているのは事務局長の秋本真利衆院議員である。秋本議員の地元は千葉で、千葉でも数々の洋上風力の建設計画が進んでいる。秋本議員は法政大学出身で菅首相と同窓、そして菅首相を支える自民党内無派閥グループ「ガネーシャの会」の中核メンバーで菅首相と距離が近い。国土交通省政務官時代には、洋上風力発電を推進するための「海洋再生可能エネルギー発電設備の整備に係る海域の利用の促進に関する法律」の成立に寄与しており、この分野のキーマンとなっている。他方で秋本議員はいわゆる「脱原発」を強固な信念としており、菅首相以外の政治家では同じく原発ゼロを信念とする河野太郎氏と関係が深い。

図８　洋上風力発電の導入状況および計画

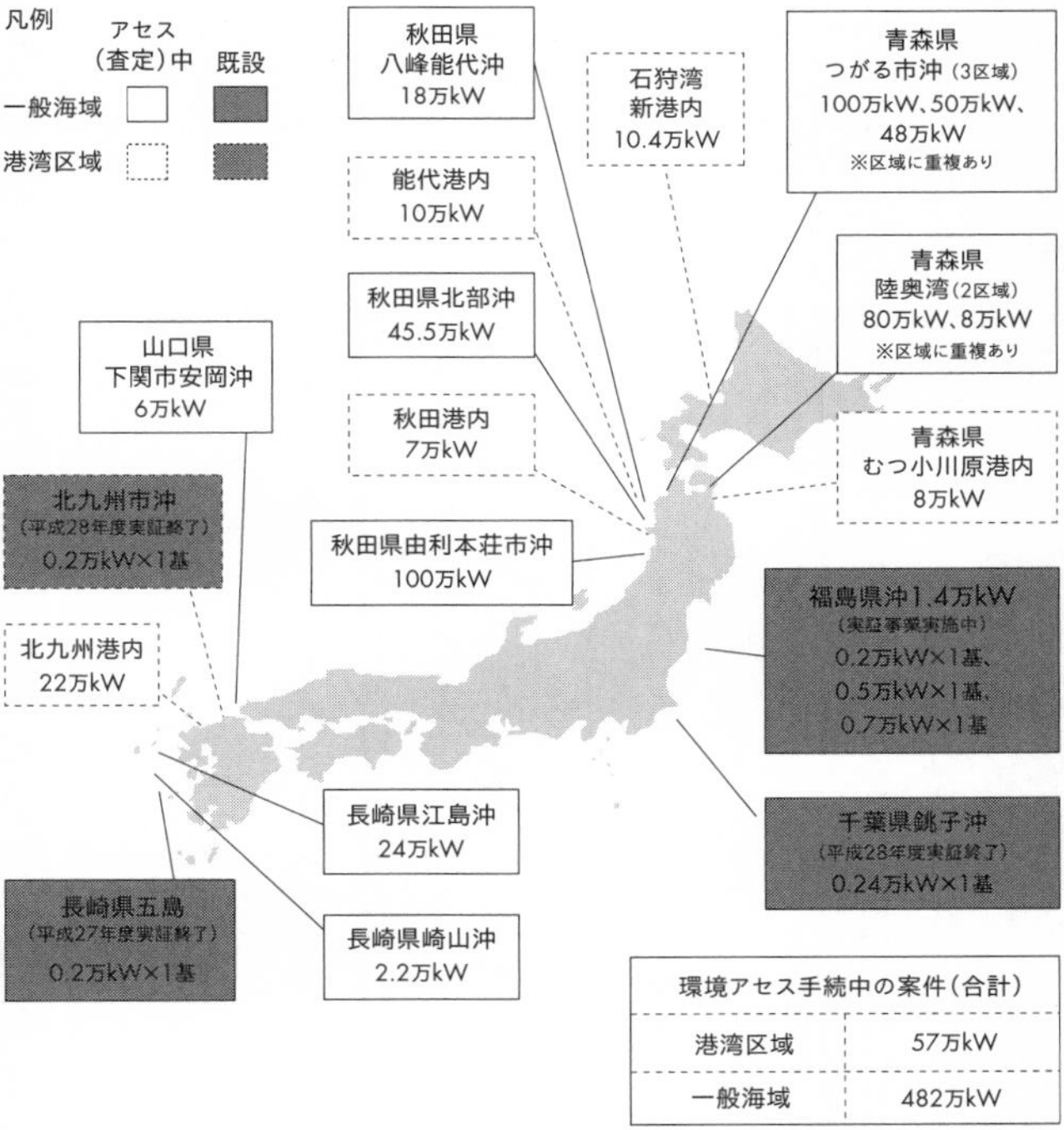

※環境アセス手続中は2018年8月末時点　（資源エネルギー庁webサイト）

そして河野太郎氏は菅内閣で行制改革担当大臣として再エネ分野の規制見直しを担当している。

このように菅首相は再エネ推進という枠組みで、地元の活性化と、昨今の政局のキーマンとなりつつある河野太郎氏と間接的な関係を築いており、「グリーン化」は自らの政治基盤を固めるにあたっての欠かせぬ要素となっている。菅首相の経済政策に対する視点はミクロな地元事情と政治的な人間関係の積み上げでマクロ的な視点は見られない。それを端的に示す言葉が、施政方針演説の最後に語られている。

「私は、四十七歳で初めて衆議院議員に当選したとき、かねてより御指導いただいていた当時の梶山静六内閣官房長官から、二つのことを言われ、以来、それを私の信条としてきました。

一つは、今後は右肩上がりの高度経済成長時代と違って、少子高齢化と人口減少が進み、経済はデフレとなる。お前はそういう大変な時代に政治家になった。その中で国民に負担をお願いする政策も必要になる。その必要性を国民に説明し、理解してもらわなければならない。

もう一つは、日本は、戦後の荒廃から国民の努力と政策でここまで経済発展を遂げてきた。しかし、資源の乏しい日本にとって、これからがまさに正念場となる。国民の食い扶持をつくっていくのがお前の仕事だ。

これらの言葉を胸に、「国民のために働く内閣」として、全力を尽くしてまいります」

菅首相の政策推進の動機付けとなっているのは経済理論のような抽象的な概念ではなく、顔の見える具体的な人間関係で、おそらくそのベースになっているのはこうした師匠梶山静六から継承した人生哲学なのであろう。社会政策であれば「国民に負担をお願いする政策をやりきる」、経済政策であれば「国民の食い扶持を作っていく」という単純な発想に基づいている。経済政策面では、それが地元の発展に貢献したいという思いとつながって、政治的な地盤である神奈川においては後述するように「統合型リゾート・カジノの推進」、秋田においては「洋上風力発電の推進」ということにつながっているだろう。梶山静六の墓には以下のような言葉が綴られている。

私の政治信念は『愛郷無限』の四文字に込められている。

故郷を想う心なくして国を愛することはできない。

国の発展なくして故郷が豊かになるはずがない。この限りない想いを抱いたときから政治家としての歩みが始まりこの志を貫くことが私の信念となった。

いつの日か大きく実った故郷を見つめ我が人生に悔いなしと言えるその日まで私は全力を尽くしていく。


この墓石の言葉ではないが菅首相の経済政策には「故郷である秋田、神奈川を大きく実らせることがひいては国の発展につながる」という偏りがあるように思える。それ自体は地元を愛する政治家としては美しい姿かもしれないが、やはり総理という日本全体のことを見る立場である以上政策推進にあたってもう少し日本全体に通じる普遍的な理論的根拠というものが必要なように思う。

前述の菅首相のブレーンが揃った成長戦略会議のメンバーでそうした理論を作りうる存在としては「M&Aを通じた中小企業の大規模化を通じた生産性の向上」を持論とするデービッド・アトキンソン氏があげられるのだが、今のところまだ彼が前面に出てくる様子は見られず、今後の動向に注目されるところである。

強い実行力がよく表れた社会保障政策

続いて私たちの生活に密接に関係する社会保障政策について見ていこう。

内容に入る前に社会保障政策の決定の力学について簡単にまとめたい。社会保障政策は、社会保障政策の充実を訴える公明党とそれを抑えようとする財務省と、その間で両者を調整する自民党及び官邸、決められたことを制約の中で実行する厚労省という構図で政策が決まる傾向が強まっている。公明党は「福祉の党」を自分で名乗るくらいなので当然社会保障政策を拡大しようとする側で、厚生労働省の副大臣の一人は公明党の固定ポストになっている。一方の財務省は当然財政の野放図な拡大を恐れて引き締めようとする側である。このような構造のなかで間に立って両者を調整する菅首相はどのような方針を取ったのか見てみよう。

「我が国の未来を担うのは子どもたちであります。長年の課題である少子化対策に真正面から取り組み、大きく前に進めてまいります。

政権交代以来、七十二万人の保育の受け皿を整備し、今年の待機児童は、調査開始以来、最少の一万二千人となりました。

待機児童の解消を目指し、女性の就業率の上昇を踏まえた受け皿整備、幼稚園やベビーシッターを含めた地域の子育て資源の活用を検討し、年末までにポスト「子育て安心プラン」を取りまとめます。男性の育児参加を進めるため、今年度から男性国家公務員には一か月以上の育休取得を求めておりますが、民間企業でも男性の育児休業を促進します。
『共働きで頑張っても、一人分の給料が不妊治療に消えてしまう』。以前お話しした夫婦は、辛そうな表情で話してくれました。こうした方々の気持ちに寄り添い、所得制限を撤廃し、不妊治療への保険適用を早急に実現します。それまでの間、現在の助成措置を大幅に拡大してまいります。

（略）

一方で、各制度の非効率や不公平は、正していきます。毎年薬価改定の実現に取り組むとともに、デジタル化による利便性の向上のため、オンライン診療の恒久化を推進します。二〇二二年には、いわゆる団塊の世代が七十五歳以上の高齢者となります。これまでの方針に基づいて、高齢者医療の見直しを進めます。全ての世代の方々が安心できる社会保障制度を構築し、次の世代に引き継いでまいります」

この答弁を見ると菅首相は社会保障政策においては若者には優しく、高齢者には厳しく、という反対の方針で当たることを志向していることがわかる。若者への社会保障である少子化対策に関しては、

・女性の就業率の上昇を見越して待機児童の解消を目指す受け皿整備
・幼稚園やベビーシッターを含めた地域の子育て資源の活用
・男性の育休取得の推進
・不妊治療の保険適用

と積極的な措置をあげている。他方で高齢者向け医療については「各制度の非効率や不公平は正す」として、

・薬価改定の実現
・コロナ下で限定的に認められたオンライン診療の恒久化
・団塊世代の高齢化に向けた75歳以上の高齢者医療の見直し

といった予算の縮減につながる政策をあげている。

「言うは易し、行うは難し」で問題はこれが実現できるかどうかということだが、若者向けの社会保障の拡充に関しては新たに14万人分の保育の受け皿を整備する「新子育て安全プラン」が取りまとめられた。不妊治療についても2020年12月にまとめられた「全世代型社会保障改革の方針」において工程表が示され、2022年度までは助成金が拡充され、その後は保険適用とされる方針が固まった。やはり菅首相の政策を実現する能力は並外れたものがある。

では後半の、より政治的に難しい、後期高齢者向け社会保障制度の縮減は実現できたのかというと、こちらも限定的ではあるものの実現が決まった。前述の「全世代

図9　2022年からの不妊治療保険適用に向けた工程表

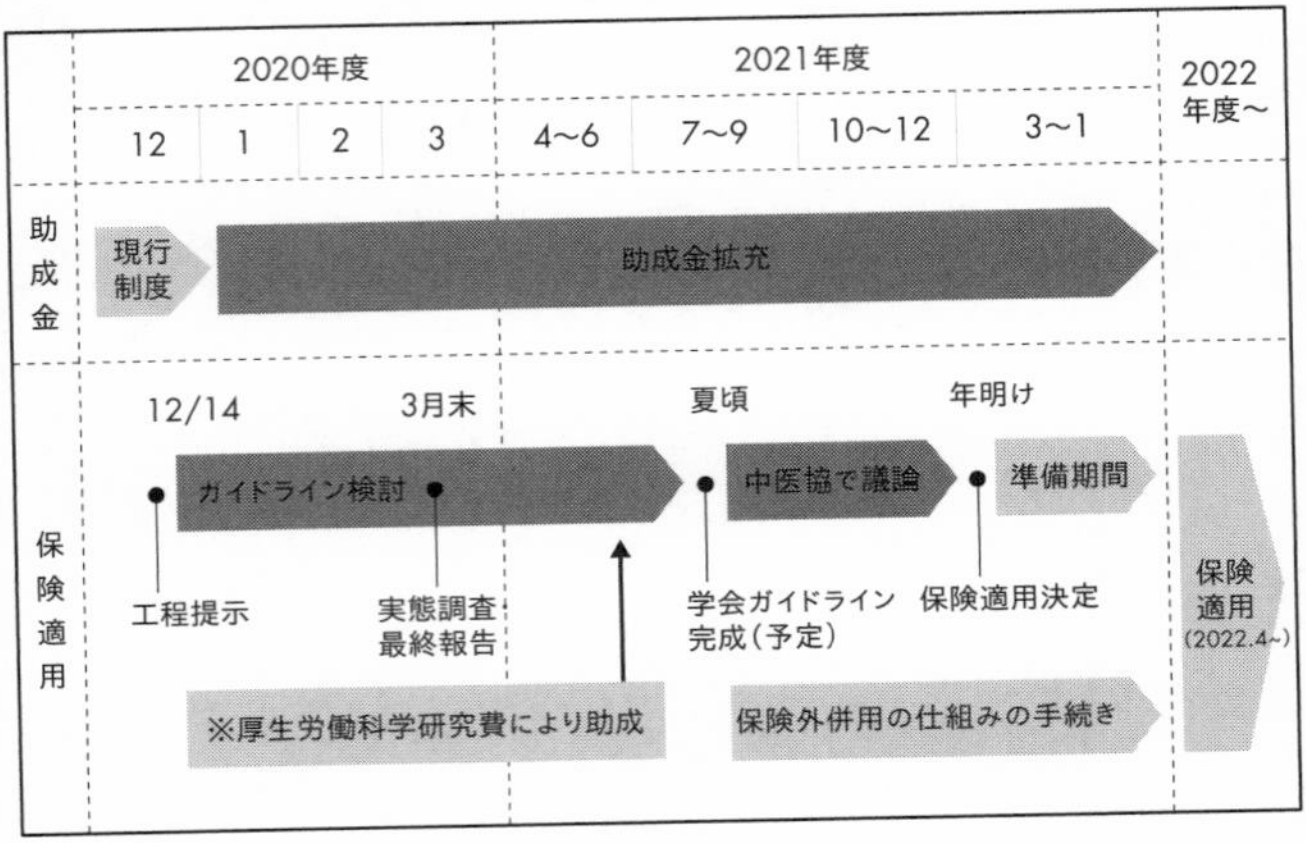

出典：首相官邸webサイト

型社会保障改革の方針」では200万円以上の年収がある世帯については後期高齢者向けの医療費の負担割合を、2022年度からこれまでの1割負担から2割負担に引き上げる方針が明記された。これには公明党の強い反対があり実現は困難かと思われたが、菅首相と公明党の山口那津男代表が直接会合をして合意にまでこぎつけたようである。同報告書の最後には、

「現役世代への給付が少なく、給付は高齢者中心、負担は現役世代中心というこれまでの社会保障の構造を見直し、切れ目なく全ての世代を対象とするとともに、全ての世代が公平に支え合う「全世代型社会保障」の考え方は、今後とも社会保障改革の基本であるべきである。本方針を速やかに実施するとともに、今後そのフォローアップを行いつつ、持続可能な社会保障制度の確立を図るため、総合的な検討を進め、更なる改革を推進する」

と記載され、菅首相の強い覚悟が感じとれる。また、同報告書には冒頭に以下のように菅政権のめざす社会像が示されている。

「菅内閣が目指す社会像は、「自助・共助・公助」そして「絆」である。まずは自分でやってみる。そうした国民の創意工夫を大事にしながら、家族や地域で互いに支え合う。そして、最後は国が守ってくれる、セーフティネットがしっかりとある、そのような社会を目指している。社会保障制度についても、まずは、国民1人1人が、仕事でも、地域でも、その個性を発揮して活躍できる社会を創っていく。その上で、大きなリスクに備えるという社会保険制度の重要な役割を踏まえて、社会保障各制度の見直しを行うことを通じて、全ての世代の方々が安心できる社会保障制度を構築し、次の世代に引き継いでいく。

まず、我が国の未来を担うのは子供たちである。長年の課題である少子化対策を大きく前に進めるため、本方針において、不妊治療への保険適用の早急な実現、待機児童の解消に向けた新たな計画の策定、男性の育児休業の取得促進といった少子化対策をトータルな形で示す。一方、令和4年（2022年）には、団塊の世代が75歳以上の高齢者となり始める中で、現役世代の負担上昇を抑えることは待ったなしの課題である。そのためにも、少しでも多くの方に「支える側」として活躍いただき、能力に応じた負担をいただくことが必要である。このため、本方針において高齢者医療の見直しの方針を示す。このような改革に取り組むことで、現役世代への給付が少なく、給付は高齢者中心、負担は現役世代中心というこれまでの社会保障の構造を見直し、切れ目なく全ての世代を対象とするとともに、全ての世代が公平に支え合う「全世代型社会保障」への改革を更に前に進めていく」

このような政府全体の中期的な方針を示す文章で、特定の内閣の目指す社会像が固有名詞つきで記載されることは少なくとも私の現役当時にはなかったように思われるが、いずれにしろ、菅首相は方針として「高齢者中心の社会保障から全世代型の社会保障に転換して、全ての世代が公平に支え合う『全世代型社会保障』」に変えていくことを強く打ち出している。

日本は高齢者の人口が多く投票率も高く、他方で若者は人口が少なく投票率も低いので、こうした方針は短期的に必ずしも票につながるとは言えないわけで、菅首相がそれでもこうした方針を取るのは本人の強い政治的信念があると思われる。それは先ほど述べたように政治の師である梶山静六の「国民に負担を強いる政策も必要になる。与党の政治家は国民に対し、その必要性を説明し、理解してもらわなければならない」という言葉から菅首相が受け継いだものなのであろう。

産業政策における地元振興の思いの一方で、こうした国を思う国士的な性格を有しているあたり、菅首相は梶山静六の教えを忠実に受け継いだ政治家と言えるだろう。

ただ問題は梶山静六が言うところの「(国民に)その必要性を説明し、理解してもらわなければならない」という部分で、繰り返し述べている通り菅首相自身は国民に訴えるビジョンを作り説明する能力が乏しい。その欠点をカバーする仕組みを作れるかどうかということが、繰り返しのようだが菅政権の課題なのであろう。社会保障政策は社会保障政策として、経済政策は経済政策として、個別に目前の課題に対応するために必要な政策を推し進めていく。それは必要なことだが、それだけでは乗り越えられない壁に今日本社会は直面していることは間違いない。そういう意味ではかつて民主党が唱えた「国民の生活が第一」という生活視点で政策を見るスローガンは誠にもっともなもので、少なからぬ国民の心を摑んだのだろうが、こちらは肝心の個別政策が伴わなかった。

無い物ねだりなのかもしれないが、ビジョンと政策が連動して「我々の生活は良くなる」という夢を政治家には見せて欲しいところである。この閉塞感に溢れた社会を日々耐え抜くための心の拠り所、希望を政治家に見せて欲しいというのが多くの国民の願いなのだと思う。そう言えば「日本には希望だけが足りない」と主張した「希望の党」という政党がありこちらもまた瓦解してしまったが、そのことについては触れないでおこう。

菅外交はどう評価すべきか

続いて内政から目を転じて外交について（といっても結局は内政に戻ってくるのだが）菅首相が何を語ったのか見ていこう。一般に菅首相は「外交経験が乏しく、外交は苦手分野」とされるがこれは半分正しく、半分間違っている。というのも外交と内政というのは必ずしも切り離されたものではなく、外交の結果結ばれた条約や協定を実行しようとすると必ず内政の課題が生じるからだ。そう考えると内政のエキスパートである菅首相も間接的に外交を担当してきたことになる。もちろん、内政問題を解決しようとしたら外交問題につながる、という逆の問題が生じることもある。

例えば菅首相は安倍政権、もしくはそれ以前において、拉致問題や対北朝鮮政策に付随する内政問題、例えば朝鮮総連の資産調査や北朝鮮に向けて日本からのメッセージを送るラジオ放送用の周波数確保や、対米関係に付随する問題、例えば普天間基地の移転問題や特定秘密保護法の制定、を担当してきた。その延長として菅首相の外交観からは、世界的な視点から日本という国のあり方を見る、というよりは、安倍政権下での外交方針を引き継ぎつつ、外交問題に付随する内政問題に積極的に取り組もうという姿勢が見える。とにかく所信表明の内容を見てみよう。

「総理就任後、G7、中国、ロシアなどとの電話会談を重ねてきました。米国をはじめ各国との信頼、協力関係を更に発展させ、積極外交を展開していく決意です。

拉致問題は、引き続き、政権の最重要課題です。全ての拉致被害者の一日も早い帰国実現に向け、全力を尽くします。私自身、条件を付けずに金正恩委員長と直接向き合う決意です。日朝平壌宣言に基づき、拉致・核・ミサイルといった諸懸案を包括的に解決し、不幸な過去を清算して、北朝鮮との国交正常化を目指します。

(略)我が国外交・安全保障の基軸である日米同盟は、インド太平洋地域と国際社会の平和、繁栄、自由の基盤となるものです。その抑止力を維持しつつ、沖縄の基地負担軽減に取り組みます。普天間飛行場の危険性を一日も早く除去するため、辺野古移設の工事を着実に進めてまいります。これまでにも、沖縄の本土復帰後最大の返還となった北部訓練場の過半の返還など、着実に前に進めてきました。引き続き、沖縄の皆さんの心に寄り添いながら、取組を進めてまいります。(略)ASEAN、豪州、インド、欧州など、基本的価値を共有する国々とも連携し、法の支配に基づいた、自由で開かれたインド太平洋の実現を目指します。

（略）中国との安定した関係は、両国のみならず、地域及び国際社会のために極めて重要です。ハイレベルの機会を活用し、主張すべき点はしっかり主張しながら、共通の諸課題について連携してまいります。

（略）来年の夏、人類がウイルスに打ち勝った証として、東京オリンピック・パラリンピック競技大会を開催する決意です。安全・安心な大会を実現するために、今後も全力で取り組みます。二〇二五年大阪・関西万博についても、新型コロナウイルス感染症を乗り越え、日本の魅力を世界に発信してまいります」

外交という問題の性質上、各国に対する対応を箇条書きのように述べていくことは仕方ないことだが、それにしてもなんというか「ロマン」が無い。冒頭から「各国首脳と電話会談しました」という報告から始まるあたり、自由貿易やプラスチックゴミや環境問題などの分野で世界のルール形成に寄与していくということを高らかに宣言することが多かった安倍政権とは対照的である。

以下改めて簡単に菅首相の主要国への対応方針をまとめると

対北朝鮮：

・全ての拉致被害者の帰国実現に向け、菅首相自身が条件を付けずに金正恩委員長と直接向き合い、拉致・核・ミサイルといった諸懸案を解決し、北朝鮮との国交正常化を目指す。

対アメリカその他民主主義諸国：

・日米同盟は外交・安全保障の基軸でインド太平洋地域と国際社会の平和、繁栄、自由の基盤となるもの。その抑止力を維持しつつ、沖縄の基地負担軽減に取り組む。辺野古移設の工事は着実に進める。ＡＳＥＡＮ、豪州、インド、欧州などとも連携し、法の支配に基づいた、自由で開かれたインド太平洋の実現を目指す。

対中国：

・中国との安定した関係は、両国のみならず、地域及び国際社会のために極めて重要。主張すべき点は主張しながら、共通の諸課題について連携する。

といったところである。これらのいずれもが安倍政権から基本方針を継承したもので、政権発足後も特段方針転換が今のところ見られていない。特徴的なのは、菅首相が外交政策を語るにあたって第一に選んだのが対北朝鮮外交だったというところである。前述の通り北朝鮮問題は菅首相が長らく内政として担当してきた課題である。安倍政権下においては世界における日本の立ち位置のあり方について「積極的平和主義」「地球儀を俯瞰した外交」といった言葉に代表される抽象的な価値観が語られることが多かったことと比較すると、こうした具体的かつ日本独自の問題を冒頭に持ってくることが、菅首相と安倍氏との外交感の違いを象徴しているように思う。

他にも菅首相が力強く述べたのは、やはりこれも国内経済に直結する東京オリンピック・パラリンピック競技大会および大阪・関西万博に関することで、「人類がウイルスに打ち勝った証として」開催する決意を述べた。なぜ菅首相がここまで、国際イベントにこだわるかというと、そこにはやはり菅首相らしく「地元」という事情が関係している。

菅首相の選挙のお膝元である横浜市では現在統合型リゾート（IR）構想、いわゆるカジノ構想、が進められており、当然この構想は海外からのインバウンド観光が前提となるものである。このコロナ禍で世界的にインバウンド観光が停滞する中でも、菅政権では着々とIRに関する検討は進められており、政府は2020年12月18日に関係規定を整備し、

２０２１年の後半から地方自治体のＩＲの開発計画の申請を受け付ける予定となっている。ここで受け付けた申請から、２０２２年ごろに最大三つの計画を政府は認定するものとされているが、現在この三つのうち、菅首相のお膝元である横浜、従来からＩＲの開発に力を入れている大阪、の二つが当選確実で、最後の一つは各地域で認定をめぐって争われることになると目されている。この一つの椅子を巡っては、長崎、愛知、東京、そして二階幹事長のお膝元である和歌山などで争奪戦が行われる見込みである。

菅首相にとっても二階幹事長にとっても、インバウンド観光は外交問題ではなく、内政問題であり、そうした意識の延長線上に東京オリンピック・パラリンピック競技大会の開催はおかれているのであろう。

菅政権は何を目指しているのか

長くなったが、最後に国の形を定める憲法のあり方や政権運営の方針を自由に語るパートとして定例化している所信表明の締めに菅首相が何を語ったか見てみよう。構造的に所信表明が具体的な政治課題に関する対処方針の羅列になりがちな中で、このパートは抽象的であるものの自由に好きなことを語れる場として、時の首相の政治哲学が色濃く出る最も重要なパートとして見ることもできる。

「国の礎である憲法について、そのあるべき姿を最終的に決めるのは、主権者である国民の皆様です。憲法審査会において、各政党がそれぞれの考え方を示した上で、与野党の枠を超えて建設的な議論を行い、国民的な議論につなげていくことを期待いたします。

政権交代以降、経済を再生させ、外交・安全保障を再構築するために、日々の課題に取り組んでまいりました。今後も、これまでの各分野の改革は継承し、その中で、新たな成長に向かって全力を尽くします。

携帯電話料金の引下げなど、これまでにお約束した改革については、できるものからすぐに着手し、結果を出して、成果を実感いただきたいと思います。

私が目指す社会像は、「自助・共助・公助」そして「絆」です。自分でできることは、まず、自分でやってみる。そして、家族、地域で互いに助け合う。その上で、政府がセーフティネットでお守りする。そうした国民から信頼される政府を目指します。

そのため、行政の縦割り、既得権益、そして、悪しき前例主義を打破し、規制改革を全力で進めます。「国民のために働く内閣」として改革を実現し、新しい時代を、つくり上げてまいります。御清聴ありがとうございました」

安倍政権時にはあれほどロマンを持って語られた憲法改正も菅首相にかかっては事務的作業の一つであるかのように淡々と語られた。憲法審査会は「日本国憲法及び日本国憲法に密接に関連する基本法制について広範かつ総合的に調査を行い、憲法改正原案、日本国憲法に係る改正の発議又は国民投票に関する法律案等を審査する」とされている国会の委員会の一つで、安倍政権時の所信表明では「国会議員の責任として」この場で憲法改正の議論をすることで「歴史的使命を果たす」と熱を持って語られていた場である。他方で、菅首相は「憲法改正も最後は国民が決めるものですから、与野党の枠を超えて建設的に議論して、国民的議論につなげましょう」と国会議員ではなく、国民の側に議論を求めているように見え、憲法改正に関してはどこか受け身のスタンスが垣間見える。憲法改正のような与野党合意が必要となる事項はそのようなスタンスの方が議論が進みやすいだろうし、個人的にも共感するのだが、いずれにしろやはり目の前の政策課題への対処につながらないトピックは菅首相の主たる興味の範疇外なのであろう。

実際菅首相が憲法改正の次に持ってきたテーマは国のあり方という大きな話から真逆に

ある「携帯電話料金の引き下げ」という身近な財布の中身の話であり、政治運営についても「できるものからすぐに着手し、結果を出して、成果を実感いただきたい」と目前の課題を順次迅速に処理していく意気込みを語った。

政権発足後3ヶ月たった頃から菅首相のこうした意気込みに応える形で、携帯大手は相次いでこれまでのプランに比べて半額を割るような格安プランを公表したわけだが、その割には菅首相の支持は芳しくなく、こうしたミクロな成果の積み上げを繰り返すアプローチだけで首相としての国民からの期待に応えられているかはやや疑問が残る。

それでも演説の構成・バランスの問題で、最後に菅首相は自らが「目指すべき社会像」についてお決まりの「自助・共助・公助」をキーワードに語るわけだが、やはりここで語られる内容も、どこかで聞いたことがあるオリジナリティに欠けるものとなっている。

「自分でできることは、まず、自分でやってみる。そして、家族、地域で互いに助け合う。その上で、政府がセーフティネットでお守りする。そうした国民から信頼される政府を目指します。そのため、行政の縦割り、既得権益、そして、悪しき前例主義を打破し、規制改革を全力で進めます。「国民のために働く内閣」として改革を実現し、新しい時代を、つくり上げてまいります」

この前段はまさしく現代の民主主義社会において当たり前の社会保障における政府の立場・役割というものを述べたものに過ぎず、菅首相独自のビジョンというものが一切見えない。どれくらい当たり前かというと、一例を挙げると２００６年の厚生労働白書には以下のような記述がある。

「我が国の社会保障は、自助、共助、公助の組み合わせにより形作られている。もとより、人は働いて生活の糧を得、その健康を自ら維持していこうと思うことを出発点とする。このような自助を基本に、これを補完するものとして社会保険制度など生活のリスクを相互に分散する共助があり、その上で自助や共助では対応できない困窮などの状況に対し、所得や生活水準、家庭状況などの受給要件を定めた上で必要な生活保障を行う公助があると位置づけられる」

これは厚労省の官僚が制度を説明するための原則論を淡々と書いた文章なのだが、このレベルの教科書的な内容を総理大臣が所信表明の締めに持ってくるということは些か驚きを禁じ得ない。

好意的に解釈すれば菅首相はおそらく、現代の政治家が個人的に国家のあり方について特別なビジョンを持ち国民に押し付けることは適切でないと考えており、自由主義国家、民主主義国家の首相のあり方として「国民一人一人が独自のビジョンを持って取り組むことを政府はできる範囲で支える」という姿勢を示すことが重要であると考えているのだろうと思う。それはいわゆる公務員、英語でいうところの「Civil Servant（市民の使用人）」としての意識で、後段における「国民のために働く内閣」という言葉がその意識を如実に示しているように思う。菅首相としては、

❶公務員は国民の上に立つものではなく、国民に仕えるものだ
❷だから国民に指示するのではなく、国民の自主的な取り組みを支える環境を作るのが現代の政府、政治の役割だ
❸自分は政治家としてこうした認識に基づき「信頼できる政府」を作るため、行政の縦割り、既得権益、そして、悪しき前例主義を打破し、規制改革を進めていく

というような論理を頭の中に持っているのだろう。こうした受け身の意識は一人の「一般公務員」としてあるべき職業倫理であるように思う。過去には「国のために働き、民を導く」とする佐橋滋のような国士型の官僚像が重宝された時代があったが、21世紀に入ってそのような官僚像は否定された。官房長官のような首相の「黒子」として官僚を束ねる立場でも同じことが言えるかもしれない。

ただ総理大臣の立場になってもそれを続けるのは、国家のリーダーとして国民を導くという役割を放棄しているようにも思える。政治家は職業公務員とは違い、「国民に仕える」のみならず「国民の代表」として公務員を使う側でもあるのだ。いくら時代が変わっても、多くの国民はなんの指針もなしに向かうべき方向を自ら決められるほど強くも成熟もしておらず、国民の代表である政治家に大きなビジョンとそのビジョンに基づいて国民を導くリーダーシップを求めていることは否定できない。

菅首相自身も政権を担当して4ヶ月間の支持率下落（62％→37％）を目前にしてそれを自覚し始めているのか、2021年1月18日の施政方針演説では以下のように述べている。

「未来への希望を切り拓くため、長年の課題について、この四か月間で答えを出してきました。皆さんに我が国の将来の絵姿を具体的に示しながら、スピード感を持って実現してまいります。

一人ひとりが力を最大限発揮し、互いに支え、助け合える、「安心」と「希望」に満ちた社会を実現します」

ついに菅首相が長年避けてきた「我が国の将来の絵姿を具体的に示す」という「ビジョン」に関する言葉が加わったのである。2月に入ってからは会見にプロンプターを用いるなどの変化も見られた。もしかして今一番「東大話法」と「やってる感」に特徴づけられる日本の政治に限界を感じているのは菅首相自身なのかもしれない。

コロナ禍という未曾有の危機の中で「政治家の言葉」がなおさら注目される背景には、国民の弱さとそれに伴う不安があるのだろう。SNS上ではドイツ首相のメルケル氏、イギリスのエリザベス女王ら、各国指導者の心を打つ演説が共有されている。これらの国、地域では必ずしも新型コロナ対策が上手くいっているわけではないが、こうした演説は高く評価されている。

過去を振り返れば日本国民は繰り返し政治家の語る「ビジョン」と見せかけの「強さ」に引きつけられ、その度に結果が出ずに裏切られ、政治に失望してきた。もはや日本の将来に希望を持っている国民は少数派である。各種調査では日本人の6割程度が日本の将来に悲観している。その結果誕生した総理大臣がビジョンを語らず粛々と世論調査を見ながら目前の課題の実行だけに努める「菅義偉」というビジョンなき政治家であったわけだが、それでもやっぱり国民は将来に対する不安を抱えきれず、どこかで政治家に「ビジョン」と「強さ」を求めてしまっている。そしてそのことに実務型で未来を語ってこなかった首相自身も悩んでいる、そういう矛盾に国民としてどう向きあい、これからの政治に何を期待するのか、ということこそが本書で問いたかったことである。

第4章

東大話法とやってる感政治を乗り超えるには

玉木雄一郎×宇佐美典也

菅義偉氏の政治スタイルというのは徹底的に「待ち」である。世論が、政敵が、利権団体が、企業が、批判者が、野党が、どう動くかをじっと見ている。

状況を見極めてまずは観測気球的に小粒な政治的テーマを提示する。そして相手の様子をじっと見る。ここで相手が、自分が提示した政治的課題の土俵に乗って論戦を挑んできたら菅氏の本領発揮である。そこは菅氏が用意していたフィールド、批判勢力は攻め込んでいるつもりで、気付いたらいつの間にか攻め込んでいた側が攻められる側に転じることになるのだ。政権獲得後の例で言えば学術会議問題は結果としてはそういう展開だった。菅政権が用意した「学術会議の人事改革」というフィールドに、菅氏の薄弱な法的根拠を攻め立てているつもりで野党は乗り込んだ。しかし結局は菅首相がのらりくらりと質問をかわしているうちに「改革を実行しようとする菅政権」と「理論で改革に抵抗する野党勢力」という、より大きな構図に落とし込められてしまい、いくら攻め立てても支持率上昇につながらなかった。新型コロナ対策も後手後手に回っているのだが、世論調査で不満が極限まで高まると、求められている政策を遅ればせながらも実行する。結果として野党は攻めきれない。

目下自身の長男が関与する接待スキャンダルもあり、菅政権の支持率は下落しているが、それでも野党はこの菅政権の待ちの構図を崩しきれておらず、野党の支持率もまた伸び悩んでおり、結果として国民の政治全体に対する不信のみがいたずらに高まっている。内容の是非はさておき、政権批判によって国民の支持を得ようとする限り、野党が現政権に打ち勝つことは難しいと言わざるをえない。

こうした菅氏の政権運営方法に、私は格闘ゲーム『ストリートファイター』シリーズで、自分から積極的に攻め込まず相手に攻めさせて撃退する戦闘スタイル「待ち」を確立したガイルというキャラクターを彷彿する。ガイルは自分から攻めずに飛び道具や牽制技を打ち込み、それに対応した相手の行動に合わせたカウンター戦術を打ってくる。相手はなんとかガイルの隙を見つけて攻め込もうとするが、その「隙を見つけて攻め込もう」という行動スタイル自体がガイルの術中にはまっているので最終的には競り負けてしまう。1990年代、強いガイル使いが大きな顔をするゲームセンターではストレスを溜める客が増えていき、そのゲームセンターの治安が荒れていき、灰皿を投げつける客なども出た（通称「灰皿ソニック」）。我々1980年代生まれにとっては「待ちガイル」は怨嗟《えんさ》のワードであるが、これは現在の政治的状況を彷彿させる。
それでもいつかはガイルを打ち倒せる救世主が現れるもので、結局「待ちガイル」を打倒するプレイヤーは、ガイルが仕掛けてくる雑音に気を散らさずに、むしろガイルの動きをよく見て、近接距離まで近づく。そして自分の強力な必殺技が有効でガイルが繰り出す小技のダメージと比べてリスクリターンで有利となる間合いでのぶつかり合いに持ち込むことでガイルに競り勝つ。ガイルには無傷では勝てない。「肉を切らせて骨を立つ」必要がある。

「待ちの戦術も無敵ではない」ということだ。

余談が長くなったが、現実の政治の話もこれと通じるところがあるように思う。野党が本当に菅政権のロジックを崩すためにすべきことは、政権批判でも菅氏の見せかけの弱点を突くことでもなく、実直に自らが実現したい骨太な政策を作り続け、それを磨き、繰り返し提案し、それが脚光を浴びる状況が訪れるまで待ち、いざその時がきたら畳みかけて一気呵成に攻め込むことだ。そういう意味ではかつて民主党が「マニフェスト」という形で国民にオルタナティブな選択を示そうとしたことはアプローチとしては間違っていなかった。あのときのマニフェストは手を広げすぎて中身はひどいものであったが、部分的には先を見た優れた提案もあった。まともな政策に絞って野党が政策を形成していけば、政権交代とまでは行かずとも野党にはチャンスが巡ってくるはずだ。やや青臭いようだが、野党の支持率の底上げは、野党からの国民への良質な政策の提案なしでは実現しようがない。

そういう意味では私は「東大話法とやってる感政治」を打破する鍵は提案型野党にあると信じている。第4章では、第三極の提案型野党を標榜する国民民主党の玉木雄一郎《たまきゆういちろう》代表に、野党として政治を変えていくためのアプローチを伺《うかが》った。話題は、提案型野党が直近の課題にどうアプローチするか、今の日本の「やってる感政治」の問題点、今後の政権交代のあり方など多岐にわたった。具体的な話については、以下の対談をお読みいただければ幸いである。なお本編にストリートファイターは一切関係ない。

編集部注：この対談は、2021年1月14日、著者の宇佐美典也氏と国民民主党党首の玉木雄一郎氏の間で、Zoom上で行われました。

玉木雄一郎氏が考える、日本の3つの重要課題

宇佐美：いきなり本題に入って恐縮ですが、国民民主党として考える、今の日本社会の最重要課題を三つ挙げていただけますか？

玉　木：一つ目は、今はやはりコロナでしょう。直近、これをどうくぐりぬけるかが今後の日本のあり方を決めると考えています。

二つ目は何といっても少子高齢化。このドラスティックな変化に対してどう対応するのかは、長くある課題ですが、誰も明確な答えを出していません。

三つ目は、世界の中での日本の国際競争力、つまりは「日本の国力」の著しい低下をどうするのかという問題ですね。

宇佐美：なるほど。1つずつ順に掘り下げていきましょう。

玉　木：ではまずは、新型コロナの問題について。これに関してはデジタル化を進めるのが一つの解ではないかなと。

私は、ウイルスの変異スピードに対抗するのは人間の力だけでは無理だと思っています。ITの力を借りなければならない。例えば中国とか台湾を見ていると、批判はありますが、国民のあらゆる情報を集め、それを活用して効率的な解析を行い、

それによって最適化された政策を打っていって、封じ込めにある程度成功していま す。しかし日本は、データを集めてそのエビデンスに基づいた政策決定をすること が現状できていない。

宇佐美：議論の前提として確認したいのですが、菅政権の現状をどう評価していますか？

玉　木：伺うかぎりはデジタル化というのを、単に手続きをデジタル化すると考えているの ではないでしょうか。そうではなく、ちゃんとデータを集めてそれを解析した感染 症対策をすべきです。菅政権の新型コロナ対策はいわゆる「泥縄式」で、せっかく (京大の) 西浦教授と厚労省が作ってきたような感染症対策のシミュレーションを無 視して、勘だけで緊急事態宣言の発令・解除のタイミングや医療資源の拡充を決め ようとしているように見えます。

宇佐美：「都道府県と国の連携ができていなくて医療資源の拡充が遅れている」という批判が よくされますが、やっぱりそれも「国全体で新型コロナにこういうふうに対処して いきましょう」という数値的な合意がないところに起因していると現場の官僚から は聞いています。新型コロナの感染者を受け入れる民間医療機関も無制限というわ けにはいかなくて、何らかの目安が必要ですからね。

ちゃんと計画をもってPDCAを回していく、そのためにデータを集めて解析して、どんどんモデルを良くしていって、それから個別の対策の効果も図っていく、ということが必要だと私は思います。

玉　木：はい。基本的にデータに基づいた政策を行わなければいけない、しかし行えていないんでしょう。これから大事なのはデータの蓄積です。これは、国民のデータを集めること自体をタブー視するリベラル系の人たちにも、メリットをよく理解していただく必要があります。

データは貯めて活用しなければ意味がないと思うんですよ。中国はそれを国家権力で強制的にやっている。対して台湾は国民との信頼関係の中でそれをこなしている。一方で日本は政府に対する国民の信頼がなく、制度もないからデータを貯められない。貯められない結果、当然利用できない。そうすると場当たり的に勘に基づく政策決定しかできない。憲法改正の議論が色々されていますが、最近「データ基本権」ということが提唱され始めています。私はデジタル化を進めることには賛成ですが、そのときに個人の情報が本人の意図に反して不正に使われないようにするための、個人のデータの自己決定権、データに関する基本権を充実させ、憲法上も定義をした上で徹底的に利活用していく必要があります。データを使わないと菅首相が言うように「感染症に打ち勝つ」ことは難しいと思いますね。

宇佐美：なるほど。

玉　木：だから、ＥＢＰＭ（evidence-based policy making：証拠に基づく政策立案）とか data-driven policy making（データに基づく政策立案）が基本だと思うんですが、菅政権はそれができてないし、できる環境やインフラが整っていない、あるいは整えようとしていないことが非常に問題です。繰り返しになりますが必要なデータを集約して利用するのがこれから大事です。だから、国民のデータもぜひ提供いただきたいし、活用していかなきゃいけない。それで一緒に早く問題を解決していきましょう、と丁寧な言葉で国民に説明して信頼をつかもうとする態度が必要です。

菅首相の態度は、国民の信頼を減らしている

宇佐美：今の「言葉と信頼」というのはこの本のテーマなんです。

菅さんの特徴って「聞かれたことに答えない」ことと「ビジョンを語らない」こと。でも、目前の課題に対する個別政策を一方的に実行して「ちゃんとやってるで

しょ」っていうことを見せていくっていうスタイル。これを「東大話法とやってる感政治」と呼んでいるんですけど、でも、信頼を作っていくって意味で、ちゃんと「私はこの国をこうしていきたいんです」っていう将来のビジョンだったり、個別の政策だけじゃなくて実現したい将来的な展望を語っていくのは重要だと思うんです。今の菅政権の政策実行スタイルと「ビジョンを語らない」という姿勢に関して、どう感じてらっしゃいますか？

玉木：そうですね。国民との信頼というのは、エンフォースメント（enforcement）、実行する力の源泉だと思うんです。見えない力ですが、信頼があるとないでは、同じ政策と同じ法律のもとでもその実行力に差が出てくる。信頼がないばっかりに同じ法律を同じ制度のもとでやっても、極めて効果が薄くなっているのが今の菅政権ではないかなと。

私は「ＦＴＡ」、自由貿易協定じゃなくて、「フェア（公正）でトランスペアレント（透明）かつアカウンタブル（説明責任を負う）」が重要だと考えています。これが揃うと国民も安心できる。

例えば今回、菅政権は新型コロナウイルス対策の特措法を改正して罰則を入れようとしています。私は罰則を入れた方がいいという立場ですが、同じ罰則を入れるにしても、こういう理由で必要だからやるんだ、本来なら病院にいなきゃいけないのに、脱走して遊びにいって他人に感染させてしまうような人がいるから、やっぱり罰則も必要だと思う、と説明すべきです。だけど、「罰則をかける」とだけ菅さんが言うと、普通の善良な市民から信頼がないから、「罰則なんかいやだ」と国民が反発して物事がうまくいかない。そうするとエンフォースメントが悪くなって、フリーライダー（義務を果たさず利益を受ける人）や本当に悪いことをしている人に対してしっかりとした強制力が働かない、結果として一般の市民も困る、という悪循環が生じます。

今回のコロナも世界初の感染症だから、どの国もみんなベストアンサーが分からなくて、日々悩み考えながら対策を進めている。だからといって、質問に答えないのではなく、例えば台湾では質問が出尽くすまで答えようというその態度や姿勢が信頼感を醸成し、それが政策を実現するときのパワーになっていると思うんです。なのに、菅政権は説明を拒否する態度で、そのパワーを自ら減らしている。上手くいっているときは最小限のことを喋って、やったことを「やったでしょ」って言っていればいいのですが、こういう危機の状況で、しかも非常にその推進力が落ちているときは徹底的に情報公開とビジョンを語ることが大事で、それがなければ、権力の推進と行使は極めて難しいのではないでしょうか。

「少子化」には「異次元の対策」を

宇佐美：ありがとうございます。では次に、少子化問題について伺えればと思います。

玉　木：はい。少子化に関しては、もうほとんど手遅れの状況に入っていると考えています。昨年2020年は日本の女性の半数以上が50歳を超えました。だからそもそも産むことができる人の数が減っているので、これまでのような少子化対策では人口の維持はもうできません。

さらに新型コロナの影響で、昨年5月の妊娠届の数が約2割減、通年でも5％以上減っており、今年から出生数の減少が加速します。政府が前提としている試算のだいたい10年前倒しで少子化が進んでいくのではないでしょうか。国立社会保障・人口問題研究所が出している将来推計人口で最も減少が進むモデルである「低位」を、あるいは低位をさらに下回る可能性があります。そうなれば、年金財政をはじめとした我が国の基本的な社会保障制度は相当厳しくなっていくというのが、日本の抱える二つ目の大きな課題だと考えています。

宇佐美：少子化の問題に対しては、どのような対策を想定していらっしゃいますか？

玉　木：異次元の少子化対策が必要です。今までは第三子が生まれたら1000万円と言っていたんですが、それでも追いつかないので、第一子から1000万を給付するぐらいの思い切った政策です。

その財源としては「子ども国債」を発行します。昭和30年代は、将来の成長の源泉は公共事業である、かつその便益が次世代にも及ぶということで、唯一の赤字国債として建設国債が認められました。今の時代は同じように、子ども国債、教育国債が必要です。IT時代は人的資産が最大の付加価値の源泉なので、有形の資産である公共事業ではなく、人的資本形成である教育や子育てに対して国債を発行しようというものです。

そうしないと、もう財源が見つかりません。2042年まで65歳以上人口が増え続けるので、高齢者向けの年金や医療にお金を自然増で取られますから、国債発行するしか財源がないのです。子ども国債、教育国債を発行してでも、大胆な出産と育児の支援を徹底的にやるべきです。

貸付期間が長い国債の発行は、20年間はこの方針を変えないんだっていうメッセージにもなるんですよね。それによって子育てに対する国のコミットメントを長期的に保証することが、少子化対策として必要です。

宇佐美：なるほど。ただ、子育てをしている身からすると、やっぱりお金を配ってもらえることと、その家事育児の負担をどう軽減していくかは、必ずしもイコールじゃないとは思っていまして。設備投資で子育て負担を軽くしていく、例えばドラム式洗濯機だったり、ちょっと広い家に住むとか、食洗機とか、そういう消費につながっていかないと、結局そのお金をため込んだり、もしくは親が自分の遊興に使い込んだり、という具合になったら、お金を配っても必ずしも子供は増えないと思うんです。そのお金を確保した後、実際に子供を増やすことにつなげる政策のインセンティブの与え方について、ただお金を配るので終わりなのか、それとも他の制度も含めて、どういうふうに実際に子育て世代の生活を変えようとしているのかについて伺えればと思います。

玉木：そこは非常に難しいところで、党内でもこの前、伊藤孝恵《いとうたかえ》さんと代表選挙を戦ったときの大きな論点の一つでした。私も、もちろんお金だけで解決する問題じゃないと思いつつも、我々政治や政策が関与できるのは結局お金だけなのかな、と割り切っているんです。

その上で、配り方で多少工夫ができるとも考えています。例えば今、第三子だと月1万5000円の児童手当を中学卒業までもらえますけど、これを例えば月4万円にして、高校卒業までにもう3年間増やすとだいたい累計1000万になります。特にお金がかかるといわれる高校生の時に少し重点的にしてもいいでしょう。あるいは電子マネーで配って、パチンコなどの遊興費では使えず、ドラム式洗濯機などの生活周りとか、塾や教育周りだけに使えるようにするという、ある種の電子クーポン的な形で配布するのも一案です。これから子供を産むであろう親の世代は、だいたいスマホ持ってますから、そういった形で政策的な誘導をかけやすくする、あるいは子供関連の消費が拡充するような経済対策も頭に入れた形で給付していくのは、子ども政策の一つの給付のあり方かと思ってます。

宇佐美：なるほど。

玉　木：さらにいうと、今、東京という最も人が住んでいるところの出生率は低いですが、沖縄、島根、長崎のような地方ではカップルから生まれる子どもの数は割と多い。このコロナの時代、少子化対策には地方を「子育て先進地域」と捉え直していくようなライフスタイルの転換が鍵になると考えています。そのためには地方の県立高校と高専（高等専門学校）の復権が重要です。もちろん都会の、私立の進学校に行ってもいいんだけど、田舎のお金のかからない県立高校に行くと、いい教育を受けられますとか、「あの高専に入ると、いい企業に就職できます」とかね。だから教育と医療をセットで、地方を徹底的に子育てしやすい環境にする。私は「コドモノミクス」って呼んでますけど、その一つのモデルは兵庫県明石市の泉房穂《いずみふさほ》市長です。徹底的に子育てに特化することで、市外からの流入も含めて人口が増えている成功例です。日本全体が明石市みたいになっていくと、子どもが増えるのかなと。

宇佐美：もうひとつ、お金を配るということの意味合いについて、これは私の考えなんですけど、1950年代以前の生まれの人たちの時代は、利子が8％くらいあったわけですよね。20年間お金を持ってると、だいたい4倍～5倍になって返ってくる。3000万円持ってれば1200万とかになったわけですよね。それが多分子育ての費用に回って団塊ジュニアが生まれたと思うんですよ。でも、団塊ジュニア以降の世代って金利がなかったので、全部自前で稼いで、教育費を出さなきゃいけなかったので、それが第三次ベビーブームを生まなかった理由になっているんじゃないかなと思ってまして。

玉　木：なるほど。

宇佐美：利子がない時代に利子分を補給してあげるっていうような考え方もあるんじゃないのかなと。子ども国債っていうのは、そういう意味合いで考えてみると面白いのではないかと感じました。

玉　木：そうですね。具体的には相続税非課税の無利子国債を発行して、資産が山のように偏っている高齢者に買ってもらって、そのお金を国が媒介して、子育て世代に移転させることも含めて考えればいいと思います。

宇佐美：アベノミクスって金利を殺す政策という側面がありましたが、それはつまり我々が将来もらう可能性があった利子を奪うことにもなったと思うんです。それを政治が国債で取り返すっていうのは、世代間の公平という名目が立つとは思うんですよね。

玉　木：それはすごく大事な視点です。一昨年の参議院選挙で、家計第一の経済政策を国民民主党が掲げたのは、単に家計支援という福祉政策的な意味ではないんです。日銀の資金循環統計をずっと眺めていると1997年以降、本来なら負債超過であるべき企業部門が、マクロで見ると貯蓄超過になって、内部留保も増えています。普通は貯蓄超過の家計部門から銀行の金融仲介機能を通じて、企業にお金を貸すわけなんだけど、もう企業セクターが常に貯蓄超過部門になっていて、家計が細るわけですよね。金利をゼロにするってことは、結局債務者有利で債権者不利じゃないですか。つまり、上からの金利収入を奪って、債務者である企業と国への所得移転を見えないようにして、実のところ債権者である国民の利益を犠牲にしてきたのがここ2、30年だったと思うんですよ。そのお金の流れを逆転させるって意味では、とにかく家計にお金を何かで戻していく必要があるし、同じ家計の中でも高齢者と現役世代を比べると、現役世代が圧倒的に昔より不利になっているので、現役世代の家計に対してマクロ的な資金の配分をする。どうやってその所得移転等々を起こしていくのかっていうのがね……。この問題は単に、若い人はしんどいです、給料減ってますということじゃなくて、それを超えたマクロ経済政策としても家計部門、とりわけ消費性向の高い若年層にどうやって資金を再分配していくのかが経済政策としても重要だ、という意図があったんです。

宇佐美：家計や子育ての問題は、経済政策という意味合いも強い話なんですね。

玉　木：そうですね。私は経済政策の頭で子育て政策を言うから、いつも女性議員から党内でバッシングを受けているんですが（笑）、ただ、経済政策としても大事だと思うんですよね。

先進国ではなくなった日本の「国力」をどう復活させるか

宇佐美：経済政策の話題が出たので、三つ目の課題について伺いましょうか。日本の国力・経済の問題が三つ目の課題だとおっしゃっていましたね。

玉　木：はい。外交・軍事力も含めた日本の国力の低下が、中国の驚異的な台頭の中でより一層目立っていて、例えば1人当たりのGDPも2000年には世界2位でしたが、いまは20位以下に落ち込んでいます。あと10年しないうちにGDPもインドが日本を抜く、と。このような国際的な大きな環境変化の中で、生産性や潜在成長率、1人当たりのGDPなど、あらゆる指標において、日本はもはや先進国とは言えないような状況になってきている。この危機的な状態の中で、日本をどうするのか。豊かで安定した日本を次世代に繋げられなくなりつつあるというのが、本当に問題です。国力、特に経済力をどう維持、発展させていけるのかが、これからの日本の大きな課題です。

宇佐美：難しい問題ですね。

玉　木：はい。日本はもう、金融政策・財政政策に関しては、マクロ経済学の教科書に載るくらいフルスロットルでやったわけです。その結果は、例えば安倍政権の7年8ヶ月でさえ、年平均のGDP成長率は実質0・9％に過ぎません。民主党政権の時も低いし、小泉政権の時も低い。何を言いたいかというと、ケインズがかつて言った、「長期的には金融政策も財政政策も死ぬんじゃないか」という仮説に日本は当てはまってしまっていると捉えています。

ではお手上げかというとそうではなくて、やはりこれからの富の源泉は「人」ないし「人が生み出す知恵と技術」でしかないと思うんです。結局、人に投資することによって、その人が技術と知恵で問題を解決して産業が生まれて、そうやって様々な産業が起こることで経済が回る。経済が回れば、人の暮らしは豊かになって、また人へ再投資ができるという当たり前の原点に戻ることです。

そういう意味で、やっぱり「人への投資」です。これは若年層だけではありません。「人生100年」なら、人生を50歳までと50歳以降と二つに分けて、真ん中のところの50歳前後のところに、いわゆるリカレント教育のような、もう一度、自分を世の中に合わせてアップデートする機会をどんどん作る。そこに何らかの公的支援が入っていき、生涯学習に対する万全の支援をすることが必要です。

宇佐美：共感できる部分が多いです。

玉　木：それに付随して行うべきなのは、今の日本には失業給付があってもその後の支援がないので、自分を次の職とか次の産業に合わせてアップデートしようとしているときに、その研修費用と尊厳ある最低限の生活を保障する一定のお金を給付し続けることです。国民一律に給付するっていうことよりも、次に向けて踏み出そうとする人には最低限の生活保障は常についてくる、という仕組みです。これによって、賃金が低い、セクハラやパワハラが横行する企業からは安心して離脱する権利を労働者に付与できます。今までは「日本の解雇規制が厳しいから緩めろ」「雇用の流動性を高めろ！」という議論ばっかりしていたんですけど、今の日本のこの労働法制の厳しさから考えたら、何十年やったって無理だと思います。

ちょっと発想を逆転させて、労働者に安心して会社から離脱する権利を保証することが実は労働市場の流動化に繋がるんじゃないか。会社という船から降りたときでも、冷たく荒い氷の海に放り出されるのではなくて、社会的セーフティネットが安定した、暖かくて穏やかな海にして、次の場所に向けて安心して船を漕いで行けるようなお膳立てができればいい。例えばＩＴ企業に再就職しようとするときに、プログラムコードの書き方を勉強しようと思ったら、明日からちゃんとお金が振り込まれている、そういう環境を用意しなきゃいけない。このように雇用の流動性を高め、結果として、労働生産性の高い産業だけが残るような、「太陽政策」的な構造改革が必要です。これを進めないと、日本の国力は上がりません。

人を大切にする国に生まれ変わろう

玉　木：労働生産性が高く、潜在成長率の高い産業に、人的資源の配分の構造を変えていかなきゃいけないので、とにかく人へは投資する。自らの価値を上げようとする人に対しても年代を問わず惜しみなく投資をして、新しいイノベーションを起こすことも支援する。それに伴う労働市場の流動化を通じた産業構造の変革を速やかに促していくことができればと思っています。

宇佐美：経済成長って理論的には人と設備と、難しく言えばTFP（全要素生産性）で決まるわけですが、今後の成長のためには人に投資して生産性をあげていかなきゃいけない、ということですね。その点「学び直しを支えていく給付」というアプローチは掘り下げていくと面白いなと思うんですけど、具体的な政策のイメージはどのようなものですか。

玉　木：実は求職者支援制度というものが既にあるんです。民主党政権のときから、一定の要件を満たした求職者が職業訓練を受ける場合に月10万円ぐらい給付するのですが、これを拡充すればいいので、そんなにハードルは高くないんじゃないでしょうか。ただ、（雇用保険）特別会計から出すのか一般会計から出すのか、どなたにご負担いただくのかについては議論が必要です。雇われていない人も含めてやるのであれば一般財源に入れなければいけない。でもこれは結構実現可能性があるし、これからポストコロナで産業構造が変わっていくときに拡充できたら本当にいい制度だと思うんですよね。

宇佐美：そう思いますね。アベノミクスの根本的な誤謬、問題点ともつながる話です。よく安倍首相は「企業が世界で一番活動しやすい環境を作る」と言っていて、要は企業が喜ぶ政策を採れば経済が成長すると考えていたと思うんですけど、それは間違いだったと示されたと思うんです。企業は利益を上げたし、実際に規制緩和はしたんだけど経済はそれほど成長しなかった。それを踏まえて今度は人が活動しやすくすることに視点を変えるっていうところが肝なのかと感じました。

玉木：そうですね。安倍政権がもし続いていたら、「世界一企業が活躍しやすい国にする」に対するアンチテーゼとして、我々は「世界一働く人が働きやすい国にしよう」というメッセージを出そうと思っていました。人を大切にする国に生まれ変わろう、と。資本主義のあり方は、基本的には投入要素がお金と人（労働力）の二つで、これをインプットして価値をアウトプットするという仕組みです。そのお金を投資した人に対してリターンで報いるのが配当で、この配当性向が高まっているわけです。労働力を提供した社員への見返りが給料やボーナスだけど、この労働分配率（企業が生み出した付加価値に占める人件費の割合）は43年ぶりに低くなっている。

ＡＩの発達によって人は、だんだん仕事をソフトウェアに代替されていってしまうのは事実だけど、人間にしかできないことは常にある。基本的に資本主義というのは、お金と労働力を投入して何かを生み出していくんだけれども、その人なり知恵なりを投入する側を重視し、報いていく方向に政策を転換しなきゃいけない。その報い方を、お金の出し手に報いる以上に「労働力」の出し手にこそ報いていく、新しい資本主義のあり方に変えていくことが問題意識の根っこにあります。「人本主義」とあえて呼んでるんですけど、富の源泉である資本以外のもう一つの要素である労働や知恵の質を向上させていく。そのためには生涯教育が大事だ、ということです。

宇佐美：おっしゃっていた太陽政策による労働分野の構造改革は本当に共感します。多分いま世間で言われている「雇用の流動化」っていうのは、企業側が首を切りやすくしようという観点から提案されていると思うんですけど、「雇用の流動化」という結論は一緒でも、むしろ人が企業から離れやすくなるという観点で政策を立案していくっていうことですかね。

玉　木：そうです。連合という労働組合に応援されている政党なり政治家としては、これまでなかなか言いにくかったんですが、私はこれを連合幹部にも言っています。ある種の小泉構造改革的な、できるだけ首を切りやすいように労働法制を緩和して、派遣を増やして、非正規を増やしてという、このパターンはもう限界が来ています。

労働市場の流動化や産業構造の転換をどうやって起こしていくかというときに、北風政策的、小泉構造改革的アプローチの限界を教えてくれたのがアベノミクスでした。これが最終形だったと思うんですよね。だからこそ、そうじゃない形で労働市場の改革をしていかなきゃいけない。ここが、政策提案型の国民民主党が言うべきポジションだと考えています。労働市場の流動化と産業の構造改革は絶対必要なんだけど、そのやり方において別の選択肢を示していく。そこで、自民党政権と政策提案で争ったらいいと思ってるんですよ。

「痛みを伴う改革」なんてもういい

宇佐美：この本、出発点は小泉構造改革から入っています。小泉さんが言ったことって、結局、何も実現しなかった。今起きていることと小泉さんが言ったことっていうのは全く逆なんですけど、それでも「何かを改革しなきゃ」っていう行動原理だけは生きている。そういう意味じゃ菅政権は思想やビジョンがなくても「抵抗勢力」なるものを探しては「改革」を繰り返しているゾンビみたいな状況です。

玉　木：そうですね。「痛みを伴う改革」って政治家が好きですよね。何かをしないと何かぺナルティが待っていますという。でも、人間そんな強くないから、痛みばかりだと動かないし、避けます。かつ長期にわたる痛みに人は耐えられない。だから独立行政法人や国立大学法人の運営費交付金を10年20年ずっと削り続けるとか、公務員の削減をずっとやり続けるというのは、一時期はいいとしても、どこに行きたいの？と言いたくなります。究極は公務員をゼロにしたいんだろうけど、国際的に見たらもう既に少ないですし、それ自体が目的化しているのではないでしょうか。痛みばかりで、もう動けなくなったところで「更に新たな痛みが必要だ」とか言い出す政党まで出てきて。もうこれ以上自虐を繰り返して何をしたいのかと。

宇佐美：ちょっと答えづらいことなども伺いたいんですが、なぜ立憲民主党と完全合流をせずに国民民主党の存続という選択肢を選ばれたんでしょうか。支持団体も重複している中で、立憲民主党との関係について、今後どうお考えですか。

玉　木：ここは、答えにくいところではありますが、やはり新型コロナが大きかったですね。新型コロナで人がバタバタ倒れたり自殺者が増えている中で、今の野党が国民、特に働く人の思いやニーズに、応えられていないと考えたからです。これまでの野党のあり方全てが悪いとは思いません。桜を見る会もけしからんと思うし、学術会議の問題もどうかと思う。私自身はすごく問題意識を持っています。それに、立憲民主党も共産党も反対ばかりじゃないんですが、少なくとも国会の運営も含めて、国民に「野党は反対ばかりしている」と見えてしまっていることは何か問題がある。それは見直さないといけないと強く感じました。

野党であっても高い給料をもらって国会議員として責任を果たす立場にいる以上、ビジネスモデルを変えなくてはいけないのではないかと。新型コロナによって経済も社会も大きな変革の波に迫られてますけど、一番迫られてるのは政治、あるいは政党のあり方でしょう。自分たちも変わらなければ、人を変えられないし、社会を変えることはできない。

揶揄もされるんだけど、我々は国民が必要とする政策を提案し続けて、おかしいことはおかしいと言える、政策提案型の改革中道政党でありたいと真面目に思っています。選挙を度外視して、その路線で突っ切れると覚悟を決めた人たちが集まって再スタートしたのが今の国民民主党です。

我々がこのコロナ禍においていかなる役割を果たすべきかを考えたときに、我々は野党であっても提案型として、新しい解決策を国会議論の中で生み出さなければいけない。何でも賛成の与党と、何でも反対の野党だったら、国会もいらないですよね。ある選挙が終わった瞬間に賛否が多数決で全部決まるので、極めて無駄な国権の最高機関です。国会を機能させる重要なプレーヤーでありたいというのが、我々の国民民主党に残った者の共通する思いですね。

野党は何でも反対って言われるけど、与党こそ何でも賛成じゃないか

宇佐美：その国会について掘り下げたいんですけど、今の国会が提案型になってない要因は二つあると思っていまして、一つはよく言われている野党のスタイルの問題。もう一つはそもそも国会の位置づけの問題といいますか、審議の進め方の問題。自民党が政調会、総務会で話をまとめて、そこで党議拘束をかけたものを国会に上げてくるので、国会の委員会審議での修正がかなり難しい、そういう根本的な制度的・慣習的問題があると思うんです。いわゆる党議拘束なり、内閣が一回提出した議案を途中で修正できない、出し直しが必要になっちゃうってとこもあると思うんですけど、国会を具体的にどういうふうに変えていけば機能すると思うのか、機能すると思うなら、そういう中で、国民民主党がどういう役割を果たしていきたいのかって

ことについて伺えればと思います。

玉　木：いま政治がすごく大事な時期になっているにも関わらず政治に対する不信が広がっているのには大きく二つの要素があります。私見を申し上げると、一つは予算委員会のテレビ中継、あるいはそれをクリップする夜の報道番組です。実は国会にはいろいろな委員会があって、そこではいい議論してるんだけど、テレビ中継の入る予算委員会になると、「見せ場だ」と言って野党はとにかくスキャンダルばかり取り上げて、政府与党も審議時間を稼ぐためにとにかく時計が止まらないように防戦一方になるというプロレスが始まってしまう。メディアの皆さんも視聴率を取りたいし、野党も外交や経済政策などの難しい問題ではなく、スキャンダル追及的な質問に力を入れてしまうんです。それで一部の支持者は喜ぶ。でも多くの人は実はそんな政治を望んでいなくて、欲しくもないものばかり食わされているという状態です。地上波のテレビに映る影響力の依然としての強さと、そこにフォーカスして質問内容を決めていく国会のあり方。ここがまず変えなければいけないことの一つですね。

二つ目は与党の事前審査制です。これは、政府の作成した法案を与党が国会提出前に審査する制度のことで、逆に与党が了承しないと政府は国会に法案が提出できません。本来、国会に上がってくる議案は「生煮え」で、国会で議論して場合によっては修正していけばいいというのが元々のあり方のはずです。議論していく中で知恵が出るから。私も法律を修正したことは何回もありますけど、会議の前には気づかないこともあって、議論の中で「この論点あったな」と付け加えたいこともあります。しかし事前審査の中で与党は文句言うけど、一回でも自民党の政調や総務会を通すと、もう一枚岩で一字一句変えないんです。その法案が国会に提出されたら、与党はだまって賛成して多数決で通すことが仕事になります。野党は何でも反対って言われるけど、与党こそ何でも賛成じゃないかと。ここを与野党互いに、国会の場で実のある議論をして、柔軟な修正が可能となるルールを決めなきゃいけない。

実は日本国憲法が施行された戦後すぐの間、立法権は基本的には国会にしかないという憲法上の規定を純粋に守っていた一時期があったんですね。ただ、いわゆる「お土産法案」と呼ばれる、選挙区への利益誘導を目的とした法案を好き勝手に出しまくる人たちが多くなったので、ある種の自主規制として与党は法案の提出を原則内閣からに限定し、議員立法がむしろ例外的という形に、戦後55年体制以降変えてきたわけです。私はそこをもう一回変えなければいけないと思います。スキャンダルを追及する野党のヒアリングはよくパワハラ的だと言われて批判されます。でもそれはオープンにしてるかどうかの問題で、私の官僚時代を振り返れば与党の部会も相当パワハラでしたよ。法案説明に行ったときに、もう物が飛んでくるし、「こんなんでいいのか」と業界団体に聞かせるためにわざと大声で怒鳴っているとかよくありましたから。もうパフォーマンスだらけだったわけです。そんなことをしておきながら、一度党内手続きを経て内閣から提出されたら絶対に死守する。そういう内向きでクローズドな政治のままでいいんですかね。国会でオープンにモノを決めるルールに変えていくべきです。

宇佐美：そういう意味だと、法案審査のあり方が結構重要になってくるかと思います。今、政府が作る閣法がほとんどで、内閣法制局が事実上の憲法の番人です。一方の裁判所の違憲審査は付随的でかなり抑制的なものになっています。今後、国会議員なり国会が立法を主導するってなると、その法律の作り方、議案の作り方自体を、憲法改正を含め変えていかなきゃいけないと思うんですけど、その点はどうお考えですか。

玉　木：うん。私もね、違憲立法審査権などの抽象的な違憲の判断ができる、憲法裁判所のような機関を設けるのは究極的には必要だと思うんです。しかしその前に、内閣法制局と同様に衆議院・参議院にも法制局があるので、その機能を強化することが大事。実はすごく優秀な人がいっぱいいます。出来の悪い議員立法をお願いする議員もいる一方で、そういう無理難題に応えて整合性ある形で、過去の例に照らしておかしいところがないのか、矛盾する法律がないのか、縦横斜めに全部調べてきちんと法案を作ってくる機能は、立法府にもあるんです。衆・参の立法能力、とりわけそれを起草・審査する衆・参の法制局は、もっともっと拡充してもいいし、格上げしてもいいと思いますね。

宇佐美：衆院議長だったり参院議長だったりの実効的な権力と、院内法制局の機能強化を絡めて考えていくことが重要ということですかね。

玉　木：そうですね。今でも議長が調整権限を発揮することはあります。例えば天皇陛下の退位に関する皇室典範特例法をやるときには、時の大島（理森）衆院議長と川端（達夫）副議長の果たした役割は非常に大きかったと私は思います。当初安倍政権寄りのおかしな改正が行われようとしたのを、共産党も含めて院の総体としてきちんと決め切った。議長は普段は若干お飾り的な要素があって、外国ではリードスピーカーなのに日本だとなかなか注目されませんが、三権のトップとして、いざという時に議長・副議長が果たす役割は大きい。チェック&バランスの最後の砦として、議長・副議長と先ほど話した院内法制局の役割はますます重要になっています。

二大政党制は揺らいできている?

宇佐美：次の質問ですが、今後の選挙についてどう戦っていくおつもりですか? そして1990年代以降、続いてきた「野党共同で与党と対峙して政権交代を目指す」というアプローチを今後もお考えですか。

玉　木：これは難しいですね。我々の今の実力から言うと、来たるべき衆院選で現職7名の全員当選と、各比例区で当選できる人を1人でも増やしていくことが目標になります。一人でも増やせるように頑張りたいし、特に東海圏など、議員が比較的多い地域の比例票の掘り起こしに力を入れたい。また大きな動きでは、次の衆院選で山尾志桜里議員が東京の比例区から出ることを決めました。首都圏東京でこれから存在感をどのように出していくのかが大きな戦略・戦術の一つです。他党との関係については、小選挙区制度の中でどれだけ戦術的に振る舞えるかということです。我々と立憲民主党さんとの違いは共産党さんとの距離感です。我々は、共産党さんとは組まずに戦って勝ってきた人が多いんです。はっきり言うと我々は立憲民主党さんほど共産党さんには思想信条的にも近寄れない。政党である以上、選挙協力をするなら日米安保や自衛隊、そして国の根幹である天皇に関する考え方は一致させるべきです。そして政権を誰と共にするのかという連立政権の枠組みは、次の選挙までに野党第一党はきちんと示すべきで、そうじゃないと政権の選択肢にはなれない、と思いますね。

宇佐美：なるほど。

玉　木：世界中で二大政党制は揺らいできている。実は日本でも、1993年に小選挙区制度を導入して以降、どの政党も単独で政権を担っていないんです。2009年の民主党政権もそうでしたし、今の自民党政権だって自公政権ですから、常に連立政権でした。価値観が非常に多様化してきている中では、これからも連立政権だろうと。であれば、かつての中選挙区制度をもう一度復活させることも選択肢に入れて政治のあり方を議論する必要があります。

もちろん中選挙区になるとお金がかかりすぎるとか政権交代が起きないという指摘もありますが、私はかつて検討もされた中選挙区制度の連記制はありうると思います。例えば定数3の中選挙区を全国に作って、2名まで書けるというような連記制にすれば、政権交代も可能です。小選挙区だと人口が減少したところは選挙区を減らせとなって、地方の有権者の声がますます中央に届きにくくなってしまうし、一部の選挙区では世襲議員の既得権益のようになっています。昔とは違い、今は逆に小選挙区制度によって与党も野党も議席がかなり固定化し始めています。

いつのまにか「民から官へ」みたいな国

玉木：あとは、小選挙区制では票を50%以上取らなければいけないからこそわかりやすい政治が実現する、ということが言われてきたんだけど、政治は複雑なことを扱う仕事ですから、わかりやすさを求めて、多数ある政策項目の中で一つだけ取り出して、これが白ですか黒ですかと言って選挙やることが本当に正解なのか。郵政民営化は日本を幸せにしたんでしょうか。郵政を民営化すれば全てが安くなるし税金も下がると言っておいて、現実は税金は高くなっているし、地方は衰退しているし、何がよくなったのか分からない。「国から地方へ」「官から民へ」とか言っていたはずが、携帯電話の料金は国が決めるようになっている。4割の一部上場企業の筆頭株主は日銀だったりするのが現実です。小泉さんが目指した社会はこれじゃないよな、という気がします。

いつのまにか「民から官へ」みたいな国になってしまってますよね。アジェンダセッティングや戦い方の土俵の定義をきちんとしない、もともと制約された答えしか出ないような土俵だと、その中で最適な戦いが行われても非常にちっちゃい政治になる。特にこれからの国会議員は我が国が国際社会の中でどう戦って生き残るかを考えるのが仕事で、競争相手はアメリカ・中国・インドであり、韓国でありASEAN諸国などの外国です。そこを戦う最強のメンバーを、与党野党を含めた政治というチームにリクルートし続ける仕組みとは何なのかという観点がすごく大事だと思うんですね。

悩む姿を正直にさらすっていうのも国会議員の役割

宇佐美：国民民主党の選挙の戦い方については、小選挙区で当選する気概を持った人が集まったということだと思うんです。そしてだんだん仲間を増やしていって、少しずつ国民に沿った政党を大きくしていくってアプローチだと思うんですけど、小選挙区で自分の名前で勝ちうる人が集まるってことは、政党のグリップが弱くなると思うんです。そういうことに関して、どういうふうに今後一つの政党としてまとめていくか、政策を形成していくか、どうお考えですか。

玉　木：それは非常に重要なご質問ですね。確かに1人で勝つ、つまり政党に頼らず勝てる人が集まると政党のアイデンティティが薄れていくという、非常に逆説的なことが起こり得ますし、国民民主党はまさにそういうリスクを潜在的に背負っています。ただ、大枠では「現実的で偏らない正直な政治、政策提案型の改革中道政治をやっていこう」ということにおいては一致してますから。その中でこれからの中長期の国家戦略、国家ビジョンを堂々と語っていくということを、非常に愚直に、本気でやっている政党が一つあってもいいんじゃないか。それができるメンバーが国民民主党には揃っています。

選挙のことを考えたら綺麗事ばかり言えないので、何かポピュリズム的にわかりやすいものを言う方が選挙戦術としていいのはわかるんです。原発ゼロがポピュリズムとは言いませんが、例えば2050年代、本当にカーボンニュートラルは原発ゼロに行けるのかなど、一般の人が思う疑問の思考実験をやった上で、現実的な解を提案するのも政治の役割・責任だと考えています。そういう悩む姿を正直にさらすというのも、我々のやり方なのかなと。

宇佐美：それはだいぶ共感しますね。私も、ストレートに結論を出していく人たちって怪しいって思っているので。

玉　木：だって簡単じゃないですからね、どの課題も。

宇佐美：国民民主党は小選挙区比例代表制に対するアンチテーゼの政党になっていると感じますね。

玉　木：本当に、武士は食わねど何とかで、気概だけで集まってる感じがします。

宇佐美：答えだけじゃなくて、チームで悩んで議論して突破して成果物を使って、ファンを獲得していくっていうベンチャー精神を感じますね。

玉　木：そうだと思います。我々にとって商品は「政策」なんです。そこをわかりやすく体系立てて、いい商品ですよ、と訴え、有権者に買ってもらわなければなりません。頑固な職人みたいに「いい商品を作っているけど買ってくれない消費者が悪いんだ」

と言ってはダメです。政策のマーケティングとかプロモーションは、もっとちゃんとやらなきゃいけません。せっかくこの国のことを考えて政策中心にやっていこうという仲間が集まったので、いい政策を作って国民に広く知ってもらえるようにしたい。ある種の飛び道具というか、政局的な動きも含めて政治なので、きちんとコンテンツを詰めた上で、いろんな政治的な動きもすることも大事です。

提案型野党と憲法改正

宇佐美：提案型野党のあり方として、通常の国会の議決の過半数ベースと、憲法改正に必要な3分の2の賛成の間を狙っていくっていうのはどうでしょうか。つまり、今は与党が2分の1と3分の2の間で議席を取っていて、通常の議案を決める上では問題はないけれど、憲法改正するにはもうちょっと足りないので必要というところで、改憲のキャスティングボートとして第三極政党がイニシアチブを握る余地があるのではないかと考えているんですが、改憲と第三極政党のあり方の関係についてお聞きできますか。

玉　木：もちろん数の上で言うと、そういったキャスティングボート的な要素を担う可能性は否定しませんが、ただそこを起点にすると間違えます。公党である以上、国のかたちに対して明確な考え方を持つことが必要です。国のかたちとはConstitution つまり憲法なので、憲法に対しての体系的な考え方を持っていることが政党の大前提です。我々は去年の年末に憲法改正についての体系的な論点整理をやりました。具体的な条文案も盛り込んでいます。自民党は改正する4項目だけを挙げていますが、前文から含めての体系だった憲法観を示すことが必要です。

例えば「ビッグデータやAI時代に必要な新しい基本的人権を作っていく」とか、「官邸機能が強化され、三権分立の中で行政が強すぎてバランスが崩れているので、立法府や司法の力を強めて三角形のバランスを取り戻せないのか」とか。あるいは同じ権力構造の関係で言うと、「憲法8章の地方自治はほとんど条文がないので、国と地方の関係をしっかり書き込むべき」とか。このコロナで明らかになった問題も含めて、しっかりと国のかたちを再定義したいですね。「憲法前文を書き換えたらいい」という人がいる一方で、「あれはあのままにすることが大事だ」という人もいる。また、「序章という国家目標を書き込む章を一つ作って、食料安全保障、エネルギー安全保障などに憲法上の位置づけを与えるべき」という議論もある。こういった諸問題を包括した体系的な憲法観が必要です。

これぐらいの体系的なものをまとめているのは、2012年の自民党以降は皆無で、最近では国民民主党だけではないでしょうか。その上で、どういう国家をこれから目指していくかはまさに、国会の憲法審査会でしっかり議論して、与野党の合意が得られれば国民投票を経て憲法改正すればいい。

宇佐美：確認なんですが、憲法審査会で議論することについては前向きなのですね。

玉　木：憲法審査会に限らず、基本的に国会では審議拒否せず、議論すべきです。よっぽど政府与党がご無体なことをする場合は別ですが。何があっても常に国会議員同士の議論、特に最高法規たる憲法についての議論は、粛々淡々とやるべきだというのが我が党の考えです。

宇佐美：またもう一点質問を。審議の必要な憲法改正の提案があったら、その動きを検討するかもしれないということですが、国民民主党、もしくは玉木さん個人でもいいいんですけど、真に必要な憲法改正のテーマとなり得ると考える、具体的なテーマはありますか。

玉　木：改憲の論点については、与野党で一致して国民の皆さんも賛成だっていう安心感がないと国民投票が荒れると思います。9条からやるのは、失敗するのでやめた方がいい。例えば53条では、議員の4分の1が求めた場合は内閣は臨時国会を開かなければいけないと書いてあるんですが、いつまでにとは書いてないんです。だから2017年の安倍内閣のように、臨時国会をいきなり開いて、開いた途端に解散するわけですよ。これはやっぱりよくない。臨時国会を求めたら一定期間内に開かなければいけないという期限を設けることは、野党だけでなく与党も賛成できると思います。少なくとも自民党は、2012年の憲法改正草案でも臨時国会の召集期限を20日以内と書いていますから。例えばこういう政局的ではない論点で改憲の論議をして、国民投票法という手続法を一度回してみた方がいい。ひょっとしたら制度にバグがあるかもしれませんから。

宇佐美：ありがとうございます。ところで話は変わりますが、かつての民主党について、玉木さん個人としてどう感じていて、どう総括しますか。

玉　木：私は政権交代のある政治を作りたいと思って、財務省を辞めてこの業界に入ったんですね。一度はそれを実現できたんだけど、脆くも崩れ去った。ただ、あの時民主党が政策的に掲げた方向性は今も生きていると思うんです。例えば子ども手当なんてバラマキでけしからんと言われながら自民党政権になっても残ってるし、さらに拡充しようという話にさえなっています。子どもたちの利益を代弁する「子ども連合」ってないじゃないですか。「お母さん連合」や「お父さん連合」もない。「建設業協会」はあってもね。要は組織されない人の利益に直接給付で向き合うことをやった、あの流れが今も生きています。労働政策についても、自民党政権はあのときに言ったものを取り入れてきているので、方向性としては間違ってなかったという気持ちは今でもあります。

もちろん、いくつか反省点はありました。まずあのときはリーマンショック後だったので、マクロ経済的に言えば、とにかく財政も金融もふかしまくる時期でした。役人叩きが政権交代の一つの原動力になっていて、そのつながりで事業仕分けがありました。事業仕分けは、私は絶えざる予算の見直しとして必要だと思うけど、小泉政権から続く、「予算を削るのが改革だ」という風潮の中で、どうしても緊縮財政的な傾向がありました。マクロ政策、少なくとも財政政策的には拡張すべきところを縮めたかもしれない、というのがまず一点。

もう一つは、野党暮らしが長かった人たちが政権をやると、良い意味でも悪い意味でも、権力への執着がない。政策というのは利害調整の過程で足して2で割ることも当たり前で、100点満点は難しい。こっちが10%求めて、あっちが4%だったら足して2で割って7%でいいじゃないかということが平気で起こる世界です。でも、野党は権力にあずかる、悪い言い方をすると業界団体とつながって甘い蜜を吸うみたいなことがないから、政策のインテグリティ(完全性)や理想を貫くことが存在意義だった人が多かった。選挙のときに訴えた政策と違うことを言うと、もう親の仇みたいに憎まれました。譲歩という形はなく、違う人は出ていけと。そもそも数が減って権力を失ったら、できる政策もできなくなるじゃん、と当時、一年生だった私なんかは思っていましたが、そういう政策潔癖症みたいなところがね……。

宇佐美：自民党における総務会とか政調会みたいなやつですかね。

玉　木：そうそう、そういう意見の違いを飲み込む仕組みがなかった。簡単に袂を分かつのではなく、権力に対する執着を、あのとき持てればよかったなとつくづく思います。緊縮財政の話で言うと、消費税の増税もわからなくはないけど、リーマンショックからの回復途上だったあのタイミングでやる必要はなかった。その結果、安倍政権を延命させることになってしまいました。つまり「上げることを決めること」が(民主党の）野田政権で行われて、それに対し「上げるか上げないか」を決める裁量が安倍政権に生まれて、「増税の予定を実行しない」ことが減税の意味に取られて支持率アップに繋がったとか、なんかもったいない気がします。

宇佐美：なるほど……玉木さん、ありがとうございました。最後に何か言い残したことはありますか？

玉　木：そうですね、つべこべ言ってる場合じゃなくて、私たちは「やるしかない」んです。「やってる感」じゃ許されない。国民民主党は２０２１年は瀬戸際、正念場の年です。人生いい時期もしんどい時期もあって、今は明らかに後者なんですが、仲間たちと一緒になんとかならないか、日本の政治を少しでも変えられないか、もがきながら頑張っていきます。

本編でも少し述べたが、本書は「ガイルとどうやって戦うか」ということについて考えた本である。

「ガイル」というのは格闘ゲーム、ストリートファイターシリーズに登場するキャラクターである。世間的にはストリートファイターⅡ、いわゆる「ストⅡ」が有名な同シリーズであるが、現在ストリートファイターⅤまで出ている。その中でガイルはストⅡ、ストⅣ、ストⅤの3作品に登場する人気キャラクターなのだが、この「ガイル」というキャラクターの登場は良くも悪くも革命的だった。

ガイルの何が革命的だったかというと、格闘ゲームにおける「待ち」というスタイルを確立したことだ。格闘ゲームというのは要は「相手の隙をついて攻撃をして体力を奪い合うゲーム」である。格闘ゲーム（厳密には「2D格闘ゲーム」だが）の攻撃というのは、主としてパンチやキックなどの「打撃技」、近距離でガード不能で相手を投げ飛ばす「投げ技」、遠距離からでも攻撃できる「飛び道具」、から成立している。

このうちガイルの主軸となる攻撃は飛び道具の「ソニックブーム」、空中にいる相手を攻撃する「サマーソルトキック」、そしてこの二つをサポートする移動、牽制型の打撃技だ。

典型的なガイルの戦闘スタイルは、相手の打撃技が届かない間合いでしゃがみ込むことで始まる。そして相手に向かって飛び道具であるソニックブームを飛ばしてくる。ソニックブームのダメージは一発一発は小さいのだが、これを放っておくとダメージが蓄積していってしまうので、相手としてはソニックブームをジャンプで飛び越えて空中からガイルにパンチやキックで攻撃を加えようとする。これを「飛び込み」というわけだが、ガイルとしては当然この飛び込みを予測しているので、「サマーソルトキック」という技で撃退してくる。つまり対戦相手は自分としては「飛び込んでいる」つもりなのだが、「飛び込まされている」のである。こうしてガイルは自分からは攻め込まずにじっと座って、ソニックブームを打ち続けて相手の体力を削り、それを嫌がって相手が飛び込んできたら無慈悲にもサマーソルトキックで打ち落としてさらに体力を削る。

このような自分から積極的に攻め込まず相手に攻めさせて撃退する戦闘スタイルを「待

ち」と呼び、「待ちガイル」は最強クラスの待ちキャラクターとして怨嗟を集め続けてきた。対戦相手としては「待ちガイル」のスタイルを崩そうとして、打撃が届く距離まで近づこうとするのだが、そうすると今度はガイルは対戦スタイルを「待ち」から「牽制――移動型」に切り替えて、近づこうとする相手を「足払い」で咎《とが》め、後ろに下がりながら攻撃する「ローリングソバット」や前に進みながら攻撃する「ニーバズーカ」でガイルの思うように間合いを調整し、相手の思うように戦わせてくれない。そして気づいたらまた「待ちガイル」と対峙することになる。

こうしたガイルの対戦スタイルは相手のフラストレーションを溜めることにつながり、特にゲーセンが活況だったストII時代には「待ちガイル」を巡って数々の争いが起き、「お前待ってばっかでつまんねーんだよ」という些細《ささい》な仲間内の口論から始まり、いらついた対戦プレイヤーが灰皿を投げつけたり（「灰皿ソニック」と呼ばれる）、そこからリアルなストリートファイトが始まったりといったいざこざが起きることは日常茶飯事だった。恥ずかしながら私も若かりし頃「待ちガイル」との対戦でイライラしてゲーセンの筐体を叩いたこと、いわゆる「台パン」をしたことが何回もある。

ただここで重要なことは「待ちガイルも無敵ではない」ということだ。
ここまで紹介したようにガイルの戦闘スタイルは三つの要素で成り立つ。

一つ目は、打撃技が届かない安全な距離に相手との間合いを調整する「間合い調整」
二つ目は、その安全な距離からソニックブームを打ち込む「飛び道具」
三つ目は、飛び道具を嫌がって飛び込んできた相手を撃ち落とす「対空」

である。

このうち最も重要なのは一つ目の「間合い調整」で、ガイルに「待ちガイル」をやらせないためにもっとも大事なことは「相手の間合いで戦わない」ということだ。そのためには何が必要かというと「相手をこれ以上下がれない画面端まで追い詰める」ということだ。画面の端にガイルを追い詰めると、ガイルは間合い調整が難しくなる。そしてガイルは一つ一つの技は強くとも、全体として見れば破壊力に欠けるため、攻める方はガイルを画面端に閉じ込めつつ怒濤の攻撃を加えて一気に逆転しようと攻め立てることになる。一方のガイルはなんとか相手の攻撃をしのぎつつ、画面端からなんとか抜け出そうとする。こうなって、対戦相手は漸《ようや》くガイルと対等に戦えることになる。

だからガイルと対戦する相手に必要なのは、「待ちガイルのソニックブームに飛び込まない」という心持ち、ジワジワと画面端に追い詰める忍耐、画面端で相手を押し切る戦略と気迫である。これがわからなければいつまでも「待ちガイル」の思い通りに動かされて、じわじわと体力を削られてフラストレーションを溜めていくことになる。ただ、ガイルを画面端に追い詰めたからといって勝てるかどうか、というと必ずしもそうではなく、向こうも慣れたものであの手この手でこちらの攻撃をしのごうとしてくるわけで、画面端に到達することでようやくガイルと「対等に戦う権利」を得たに過ぎない。そこから先、距離を詰めて大ダメージを取れるかどうかはプレイヤーの力量次第だ。


この本における「ガイル」とは現総理である菅義偉氏であり、広い意味では彼の率いる菅政権のことである。そしてそのガイルと対峙する相手とは、総裁選候補なり、野党なり、菅義偉氏と対峙する政治勢力のことである。

本書で書いてきたように、菅義偉氏の政治スタイルというのは徹底的に「待ちガイル」である。敵対する相手に対して先行して小粒な政治的テーマを提示してくる。ガイルでいう「ソニックブーム」に該当する。そして相手の様子をじっと見る。ここで相手が自分の提示した政治的課題の土俵に乗って論戦を挑んできたら、用意していたロジック、または政策でカウンターを加える。そしていつの間にか攻め込んでいた側が攻められる側に転じることになる。

これでは困ると菅義偉氏に粗を突こうと無理に近づこうとすると、のらりくらりとした答弁でかわされて、いつの間にかまた距離を取られている。こうして状況は振り出しに戻る。

そんな菅首相も新型コロナという未曾有の課題や身内のスキャンダルにうまく対処できずに支持率を下げ、画面端に追い詰められつつある。自滅に近い形だが、とにもかくにも菅政権は画面端に追い詰められた。逃げ場がなくなった菅政権に対して、野党が「俺たちは○○がしたいんだ」と対案型で挑めば、政権は正面から向き合わざるを得ず、対案を受け入れざるを得なくなる局面も増えてくるだろう。現実に菅政権が野党の提案を採用するような事例が徐々に出てきている。

もちろん、野党は従来通り、批判一辺倒で菅政権のやることなすことにケチをつけることもできる。ただそうすると結局は「批判させられている」わけで、多少のダメージを与えられても最終的には用意していた対処策で処理されて、本当に菅政権を打倒することは困難であろう。

私は格ゲーを見るように政治を見ている政治の傍観者に過ぎないのだが、どうせなら出来レースではない、血湧き肉躍り胸が熱くなるような白熱の与野党の勝負を見たい。もうお決まりの「与党VS野党連合」という勝負の決まった試合は見たくない。単身でもガイルと向き合い、強烈な一撃を加えようとリスクをとって挑んでいく姿が見たい。それが真空波動拳を打ち込もうとするリュウでもいいし、スクリューパイルドライバーで巻き込もうとするザンギエフでもいいし、素早い動きで翻弄しようとする春麗でもいい。

「俺より強いやつに会いにいく」

そう言って本気で今の政治を覆そうとする政党を私は待っているのである。

参考文献

［はじめに］
- 安冨歩『原発危機と「東大話法」傍観者の論理・欺瞞の言語』明石書店、二〇一二年
- 末弘厳太郎『役人学三則』岩波書店、二〇〇〇年

［第1章］
- ダニエル・ゴールマン、リチャード・ボヤツィス、アニー・マッキー、土屋京子訳『ＥＱリーダーシップ　成功する人の「こころの知能指数」の活かし方』日本経済新聞出版、二〇〇二年
- 小泉純一郎『官僚王国解体論　日本の危機を救う法』光文社、一九九六年
- 清水真人『官邸主導——小泉純一郎の革命』日本経済新聞出版、二〇〇五年
- 清水真人『平成デモクラシー史』筑摩書房、二〇一八年
- 山家悠紀夫『日本経済30年史　バブルからアベノミクスまで』岩波書店、二〇一九年
- ＩＭＦ「World Economic Outlook Databases」 *https://www.imf.org/en/Publications/SPROLLs/world-economic-outlook-databases#sort=%40imfdate%20descending*
- 「アーミテージ・ナイ レポート２０１2年8月「ＣＳＩＳ（戦略・国際研究センター）報告書」（２）」 *https://blog.goo.ne.jp/harumi-s_2005/e/b251df0eec854a2d6862409b58b97d91*

・安倍晋三『新しい国へ——美しい国へ　完全版』文藝春秋、二〇一三年
・枝野幸男『叩かれても言わねばならないこと。』東洋経済新報社、二〇一二年
・前田幸男「時事世論調査から見る政権交代」(中央調査社『中央調査報』No.624 所収)

［第2章］

・小沢一郎『日本改造計画』講談社、一九九三年
・ＩＭＦ「World Economic Outlook Databases」
https://www.imf.org/en/Publications/SPROLLs/world-economic-outlook-databases#sort=%40imfdate%20descending
・菅義偉『政治家の覚悟』文藝春秋、二〇二〇年
・清水真人『平成デモクラシー史』筑摩書房、二〇一八年
・石橋文登『安倍晋三秘録』飛鳥新社、二〇二〇年
・松田賢弥『したたか　総理大臣・菅義偉の野望と人生』講談社、二〇二〇年
・自由民主党「政治改革大綱」一九八九年
・田原総一朗、山口那津男『公明党に問うこの国のゆくえ』毎日新聞出版、二〇二〇年
・『新編新しい社会　3・4年　下』東京書籍（平成27〜31年用）
・首相官邸ホームページ
https://www.kantei.go.jp/
・望月衣塑子、佐高信『なぜ日本のジャーナリズムは崩壊したのか』講談社、二〇二〇年
・佐橋滋『異色官僚』徳間書店、一九八七年

［第３章］

・首相官邸ホームページ
https://www.kantei.go.jp/
・衆議院ホームページ
http://www.shugiin.go.jp/internet/index.nsf/html/index.htm
・ＮＨＫ選挙ＷＥＢ「内閣支持率」
https://www.nhk.or.jp/senkyo/shijiritsu/
・ＮＨＫ放送文化研究所「２０２０年11月　政治意識月例電話調査」
https://www.nhk.or.jp/senkyo/shijiritsu/pdf/aggregate/2020/y202011.pdf
・ＯＥＣＤ「Quarterly National Accounts」
https://stats.oecd.org/Index.aspx?DataSetCode=QNA
・西浦博・川端裕人『理論疫学者・西浦博の挑戦　新型コロナからいのちを守れ！』中央公論新社、二〇二〇年
・トラストバンク「行政手続きのデジタル化に関するアンケート」
https://prtimes.jp/main/html/rd/p/000000608.000026811.html
・菅義偉『政治家の覚悟』文藝春秋、二〇二〇年
・総務省「ふるさと納税に関する現況調査結果（平成29年度実績）」
https://www.soumu.go.jp/main_content/000562702.pdf

菅政権《すがせいけん》 東大話法《とうだいわほう》とやってる感政治《かんせいじ》

二〇二一年三月二四日 第一刷発行

著者 宇佐美典也《うさみのりや》

発行者 太田克史《おおたかつし》
編集担当 片倉直弥《かたくらなおや》
対談構成・ライティング 西岡壱誠《にしおかいっせい》

アートディレクター 吉岡秀典《よしおかひでのり》（セプテンバーカウボーイ）
デザイナー 山田知子《やまだともこ》（チコルズ）
フォントディレクター 紺野慎一《こんのしんいち》
校閲 鷗来堂《おうらいどう》

発行所 株式会社星海社
〒一一二-〇〇一三
東京都文京区音羽一-一七-一四 音羽YKビル四階
電話 〇三-六九〇二-一七三〇
FAX 〇三-六九〇二-一七三一
https://www.seikaisha.co.jp/

発売元 株式会社講談社
〒一一二-八〇〇一
東京都文京区音羽二-一二-二一
（販売）〇三-五三九五-五八一七
（業務）〇三-五三九五-三六一五

印刷所 凸版印刷株式会社
製本所 株式会社国宝社

ISBN978-4-06-523194-4
Printed in Japan

177
SEIKAISHA SHINSHO

次世代による次世代のための

武器としての教養
星海社新書

星海社新書は、困難な時代にあっても前向きに自分の人生を切り開いていこうとする次世代の人間に向けて、ここに創刊いたします。本の力を思いきり信じて、みなさんと一緒に新しい時代の新しい価値観を創っていきたい。若い力で、世界を変えていきたいのです。

本には、その力があります。読者であるあなたが、そこから何かを読み取り、それを自らの血肉にすることができれば、一冊の本の存在によって、あなたの人生は一瞬にして変わってしまうでしょう。思考が変われば行動が変わり、行動が変われば生き方が変わります。著者をはじめ、本作りに関わる多くの人の想いがそのまま形となった、文化的遺伝子としての本には、大げさではなく、それだけの力が宿っていると思うのです。

沈下していく地盤の上で、他のみんなと一緒に身動きが取れないまま、大きな穴へと落ちていくのか？　それとも、重力に逆らって立ち上がり、前を向いて最前線で戦っていくことを選ぶのか？

星海社新書の目的は、戦うことを選んだ次世代の仲間たちに「武器としての教養」をくばることです。知的好奇心を満たすだけでなく、自らの力で未来を切り開いていくための〝武器〟としても使える知のかたちを、シリーズとしてまとめていきたいと思います。

2011年9月

星海社新書初代編集長　柿内芳文

SEIKAISHA
SHINSHO